風の飲みもの、光のおやつ
薬草店の幸せなテーブルから

蓼科ハーバルノート・シンプルズ
萩尾エリ子　永易理恵

ひとさじをあなたに

　これは、薬草店の日々の中から生まれた、飲みものとおやつの本です。巡る季節が綴る詩の一節、絵本や物語の1ページ、奏でる音楽のひとフレーズのように生まれてきました。飲みものは店主の私、おやつは店長でパティシエの永易がつくったものです。

　彼女とは30年近く一緒に仕事をしてきました。このパティシエのつくるおやつはほんとうに美味しくて、美しい。今はレッスンのときにだけ、限られた方たちのためにテーブルに並びます。私のつくる飲みものは、誰のためのものでもありません。思いつくままに四季折々、この透きとおった大気をグラスに集めたものばかりです。

　以前開いていたカフェはもうありませんし、どなたにでもお出しできるわけではないけれど、この本を手にとって下さる方にお裾分けできたらと思います。どうぞ気の向くまま、どこからでも味わって下さい。

　ようこそ、木陰のお茶会へ。

　　　　　　　　　　　　　　　　　　　　　　　　　　　　萩尾エリ子

植物を学ぶ方たちのひと休みのティータイム、小さなおやつをお出ししています。つくるときはまず庭に出て深呼吸。鼻をくんくん、その日の空気が香ります。茂る緑の奥にも花々が潜んでいて、甘い匂い、優しい香り、ときには勇気をくれたりします。
　お皿の上には今日の景色を添えましょう。ひらりと蜜を吸いにきた蝶。落ち葉の散る音に、雪が降る前の空の色。草花たちに注ぐ光と重なって生まれた、色とりどりのおやつをお届けします。

　　　　　　　　　　　　　　　　　　　　　　　　　　永易理恵

ひとさじをあなたに	2	
登場する材料について	6	

香り生まれる春

愛しい春のスピリッツ	10	🌿
朝露ゼリー	12	✨
香りの薄衣	14	🌿
小さなイチゴボート	16	✨
夢見る人のイチゴソーダ	18	🌿
森の小道のジュレ	20	✨
ニオイスミレを閉じこめて	22	✨
ディリーブレッド	24	✨
お日様笑う、たんぽぽワイン	26	🌿
ダンデライオンムース	28	✨
マイ・スイートシスリー	30	✨
風光茶話1 ― 始まりの物語	32	
オオカミたちの遠吠え	36	✨
生まれたての透きとおった水	38	🌿
アンジェリカのコンフィ	40	✨
大天使の飲みもの	42	🌿

大気はずむ夏

小花と気泡の小さな世界	46	🌿
宝石箱のパイ	48	✨
白い花たちのムース	50	✨
せせらぎのジンソーダ	52	🌿
美肌のための桃サラダ	54	🌿
麗しき花のマーチ	56	🌿
にぎやかなクラッカープレート	58	✨
風光茶話2 ― ワイルドデイジーカフェ	62	
太陽の光降るアイスティー	66	✨
想い出の薄桃のジュレ	68	✨
アメジスト・ウオツカトニック	70	🌿
エレガントなモーブ色のムース	72	✨
ほろ酔い三重奏	74	🌿
おとぎ話入りのスコーン	76	✨
緑のくすり水	78	🌿

🌿 萩尾エリ子
✨ 永易理恵

- レシピ中の大さじ1は15㎖、小さじ1は5㎖、1カップは200㎖です。いずれもすりきりです。
- 適量・適宜とは、調理時の水分や塩分、味の好みなどで量の加減をすることです。
- 電子レンジの加熱時間は600Wをめやすにしています。
- バターは「食塩不使用」と明記してあるもの以外は有塩を使っていますが、食塩不使用のものでも美味しく仕上がります。
- 特別な表記のない砂糖はすべてきび砂糖を使用しています。
- ゼラチンはすべて粉ゼラチンを使用しています。

色あふれる秋
　雨あがりのテキーラ　　　　　　　　82
　秋の夜長のチーズケーキ　　　　　　84
　自由で美味しいショートブレッド　　86
風光茶話3 ― 持ちものは少なく　　　88
　満月のプリン　　　　　　　　　　　92
　ほろ苦いスプリッツァー　　　　　　94
　元気になった焼きりんご　　　　　　96
　銀色三日月ワイン　　　　　　　　　97
　風のチェイサー　　　　　　　　　　98
　森のクルミ好き　　　　　　　　　102
　落葉の似合うクラムケーキ　　　　104
　りんごのブランケットパイ　　　　106

喜び満ちる冬
　カラフルなウィークエンド　　　　110
　一日のはじまりのお茶　　　　　　112
　いつでもチャイを　　　　　　　　114
　つややかなバラのムース　　　　　116
　りんごのデュエット　　　　　　　118
　冬支度のハニー・レモネード　　　120
　ツヤツヤ木の実ハニー　　　　　　121
　ふかふか毛布のココア　　　　　　122
　バニラ香るポテトチョコレートケーキ　124
　夕暮れの庭のブランデー　　　　　126
　優しい声のシロップ　　　　　　　128
　ふーふーホットバタード・ラム　　130
　オランジェットに花ひとひら　　　134
　頼りになるホットグレープジュース　136
　幸せのスパイスキャンディー　　　138
風光茶話4 ― 大切にしたいこと　　140
　雪景色のチョコレートペースト　　144
　野イバラの実とハチミツのゼリー　146
　まばゆい光のブランデーソーダ　　148
　楽園のメレンゲ　　　　　　　　　150
　ふたつの黄金ケーキ　　　　　　　152
　四精霊のカクテル　　　　　　　　154

テーブルをかたづけて　　　　　　　158

登場する材料について

・ハーブ全般
この本には登場しませんが、フレンチラベンダーやカモミールの葉などのように一般に食用にならないものは食べないようにしましょう。また食用になるものでも、食べ方を間違えたり、食べすぎると体調を悪くする場合があります。この本では、安全な種類のハーブを使い、適切な量と調理法で利用しています。

・フレッシュハーブ
庭から摘むのは、できるだけ使う直前に。雨のあとは香りが薄くなるので、晴れた日に摘むのがおすすめです。バットに薄く水を張り、キッチンペーパーなどを浸したものを準備しておきましょう。葉と葉が重ならないように並べれば、鮮度と香りが活かせます。香りの成分を残すため基本的に洗わずほこりを落とす程度で使うので、土から離れた、できるだけきれいな部位を摘み取ります。使うときは手でちぎるか、使う直前に刻みます。

・ドライハーブ
古くなると香りが飛んでしまうので、できるだけ新しいものを使いましょう。長くおかずに使い切ります。ご家庭でつくる場合は、水分の多い茎の部分は取り除き、平たいザルなどに重ならないように並べて、風とおしのよい日陰で干し、乾燥させます。

・ハーブティーのいれ方
蓋付きのポットに茶葉を入れ、沸騰したお湯を注いで3〜5分ほど蒸らします。茶漉し付きのポットが便利です。

・精油
この本では香料として利用しています。精油は主に、芳香植物を水蒸気蒸留して親油性の芳香成分を抽出したものです。私たちは、採油後に成分の分離や添加、加工のされていないもの、農薬を使用せず、国内で成分分析され品質の保証された精油を使っていますが、基本的には食料品店などで手に入るものを利用しましょう。

・ハーブウォーター
ハーブウォーターは芳香植物を水蒸気蒸留してつくった、親水性の芳香成分を含む芳香蒸留水です。入手が難しい場合はハーブティーで代用してもよいでしょう。必ず新鮮で清潔なうちに使い切ります。手づくりをすることもありますが、私たちは信頼できる国産メーカーの製品を利用しています。

香り生まれる春

愛しい春のスピリッツ

信州の春はとてもゆっくりとやってきます。カウスリップやプリムラも顔を出したけれど、ハート型の葉陰にひっそりと咲くニオイスミレからは、その名前のとおり上等の甘い香水のような香りが漂って、庭の小道を歩く人でも気がつくほどです。
　今日はニオイスミレにヤマザクラ、早生のサクランボをキルシュワッサーに漬けこみました。小さなグラスでキュッとひとくちに飲むのが、背のびをした大人のふるまい。でも今日は炭酸の気泡も楽しむ、爽やかな風の飲みものにしましょう。ほのかな香りの中に、待ちわびた春の気配がするようです。

材料（つくりやすい分量）

・ニオイスミレの花…約10個
・ヤマザクラの花…約8個
・サクランボ…約10粒
・キルシュワッサー…100〜120㎖

つくり方

キルシュワッサーは、種ごとのサクランボを醸造後に蒸留してつくるお酒です。手に入らなければ、ジンやウオツカなどの透明な蒸留酒でもよく合います。
材料を瓶の中に入れて瓶を満たし、2〜3カ月寝かせたら中身を取り出しますが、ひと花、ひと実を残しておけば見た目も美しいし、ほかのお酒と間違わないようにラベルの役割も果たします。
炭酸水で割る場合は、15㎖ほどの量を200㎖ぐらいのグラスに移して楽しみましょう。

朝露ゼリー

ショップの庭にやってくる蝶の好物、丸く輝く朝露のようなゼリーです。「蝶はこの世では会えなくなった人の魂をのせて来る」というお話もあるそうです。ちょうどお彼岸のころに咲く小さな花をこのゼリーの中に入れて、牡丹餅の代わりにするのも素敵です。花々と水、シンプルな甘みと優しいネロリの香りが、亡き人を想う気持ちを少し慰めてくれるでしょう。

　材料にゼラチンや寒天でなくアガーを使うのは、独特の弾力と透明感があって香りにくせがないので、ほのかな花の香りを引き立ててくれるからです。型はレンズのように丸いものにすると、光を反射して美しい仕上がりに。私は水まんじゅうの型を利用しています。澄んだ味わいと、つるんとした食感を楽しんで下さい。

材料（10個分）

［ゼリー］・美味しい水（好みのミネラルウォーター、きれいな湧水など）…500㎖
　　　　　・グラニュー糖…50g　・アガー（なければゼラチン）…10g
　　　　　・春の小さな花々※1…10〜20個
［シロップ］・ネロリウォーター※2…60㎖　・グラニュー糖…60g

下準備

・小さな花々は使用直前にさっと洗い、ペーパーなどで水けを優しく拭き取っておく。

つくり方

① ゼリーをつくる。ボウルにアガーとグラニュー糖を入れて粉のままよく混ぜ、水を入れたステンレスまたはホーローの鍋に少しずつ入れながらよくかき混ぜ溶かす。

② 鍋を中火にかけ、沸騰するまでよくかき混ぜて、その後、3分ほど弱火で煮て粗熱をとる。

③ 丸型の容器に②を流し入れ、箸かピンセットを使って静かに花を沈めたら、冷蔵庫で2時間ほど冷やし固める。

④ シロップをつくる。ボウルに氷を準備し、小鍋にネロリウォーターとグラニュー糖を入れて弱火にかける。グラニュー糖が溶けたらボウルに入れた氷に小鍋をあて、すぐに冷ます。

⑤ 別のボウルに水を張り、冷やし固めた③をひとつずつ入れてゼリーを容器から取り出し、皿に盛りつける。上から④のシロップを優しくかけてできあがり。

※1 花をゼリー液に沈める際は、花びらが縮まないように絵を描くような気持ちでそっと入れましょう。
※2 ネロリウォーターにグラニュー糖を溶かす際、高温のままおきすぎるとネロリの香りが飛んでしまいます。グラニュー糖が溶けたらすぐに氷で冷やしましょう。
※3 完成したゼリーは、水を入れたボウルの中で優しく押すときれいに型からはずれます。

香りの薄衣(うすぎぬ)

フルーツセージの葉とチェリーセージの花を散らして

　そのまま食べるにはひと味足りない、少し若すぎるイチゴを買ってしまっても、どうぞガッカリなさらずに。その季節ごとに手に入るハーブで風味を加えれば、ずっと美味しく召し上がれます。イチゴがもともと持っている複雑な香りを、組み合わせたハーブが引き立ててくれます。

　レモンタイムの小さな葉を一枚ずつ散らせば、青いレモンのような香りが加わって、きりりと爽やかになります。冬の間、鉢植えで大切にしているフルーツセージを加えればサイダーのようなすっきりとした風味。同じバラ科のハマナスの花びらを刻んで入れれば、いっそう華やかになります。チェリーセージの花やミントの新芽、レモンバームもよいですし、ローズマリーのお花も素敵です。

　つくり方のコツは、ハーブをマリネするときにメープルシロップの中でつぶし気味にして香りを出すこと。口当たりのよいように、硬い茎などは取り除いて盛りつけます。柔らかな花びらなどはそのままでもかまいません。

　メープルシロップで少しだけ甘みを足すことで、さらに味わい深くなります。

レモンタイムと刻んだハマナスの花でも

材料（つくりやすい分量）

・イチゴ …20粒（1パック）
・フルーツセージの葉…2〜3枚（サイダーのような、甘い香りのハーブです）
・チェリーセージの花…6〜8個
・メープルシロップ…大さじ1と1/2

［飾り用］・チェリーセージの花…少々 ・フルーツセージの葉…1枚

つくり方

① イチゴはさっと水にくぐらせてからザルにあげ、水けをふいてからヘタを切り落として縦ふたつ割りにする。

② ボウルにメープルシロップとフルーツセージの葉、チェリーセージの花を入れ、スプーンでハーブを軽くつぶすようにしながら混ぜ、メープルシロップに香りを移す。メープルシロップとハーブがなじんだらイチゴを入れ、全体にからめる。そのまま15分ほど冷蔵庫で冷やし、香りをなじませる。

③ ②ボウルからハーブを取り除き、イチゴとシロップを器に移したらハーブを飾ってできあがり。

小さなイチゴボート

ワイルドストロベリーの葉を飾りに

とても簡単でレシピとも呼べないほどですが、小粒のイチゴを見つけたらつくってみて下さい。さっと用意ができるので、急なお客様でも喜んでもらえます。ワイルドストロベリーなら２、３粒のせられて、さらに愛らしい姿です。

　ウエハースは特殊な道具がなければご自分ではつくれないので、買ったものにひと工夫。ひとくちサイズに切って、軽やかに楽しみましょう。食べきれない分は、そのまま凍らせてアイスのようにしても美味しいものです。

材料（3つ分）
・市販のウエハース …3枚
・イチゴ …3粒
・マスカルポーネチーズ、練乳…各適量

つくり方
① 食べたい量に合わせて、マスカルポーネチーズに少しずつ練乳を加えながら小さな泡立て器で混ぜて、ほどよい硬さに調節する。
② 絞り袋に星型の口金をつけて①を入れ、ウエハースの上に小さく絞り、上にちょんとイチゴをのせてできあがり。

夢見る人のイチゴソーダ

凍てつく冬を過ごして、初々しい緑のハーブたちが健気に現れると、待ちに待った贈りものをもらったような気持ちになります。中でもベルガモットの若葉の香りは、子犬のように鼻をくんくんとさせてしまいます。

　爽やかなオレンジの香りがするこのハーブは、モナルダ、タイマツバナ、ビーバームなどの別名を持ち、物語にもよく登場するシソ科の植物です。お茶や料理には真紅の花を使うことが多いのですが、蓼科のように春の遅いところでは、初めに出てくる若く柔らかい葉もお茶にして楽しみます。

　今日はそのお茶に、イチゴのコンポートを入れたソーダ水をつくりましょう。赤いイチゴは幸せそのものです。シュワッとした美味しい水は、喉も心も潤います。

材料（つくりやすい分量）
- イチゴ（なるべく小粒のもの）…30粒
- 砂糖…イチゴの重さの半分の量
- ベルガモットの若葉…片手いっぱい
- 熱湯…300㎖
- 花のついたレモンタイム…少々
- 炭酸水…適量

ベルガモットの葉をお茶に

つくり方

① ヘタを取ったイチゴに砂糖をからめる。水けが出るまで1時間ほどおく。

② なるべく厚手の小鍋に①のイチゴを入れ、蓋をして5分、蓋を外して10分程度、ごく弱火で焦げないように煮る。

③ ベルガモットの葉をポットに入れ、沸かしたてのお湯を注ぐ。蓋をして5分ほど蒸らすと、薄いクリーム色のお茶ができる。

④ 茶漉しなどを使って③を別の容器に注いで冷ましておく。

⑤ グラスにイチゴを3粒から好みの数を入れて、④のお茶を8割、炭酸水を2割注ぐ。上にレモンタイムを飾ってできあがり。

※残ったイチゴは清潔な容器に入れて冷蔵庫で保存し、なるべく早めに使い切りましょう。長くおきたい場合は少量ずつ小分けにし冷凍しても。

森の小道のジュレ

どこか遠くに行けないときにも、静かな針葉樹の森を散歩した気分になれるジュレです。

　ゼラチンを極力減らし、程よくゆるく固まっているので、スプーンを入れるとスルスルとほどけて飲みもののようになります。楓の木からの恵み、メープルシロップをグラスの底に入れておくのは、ほろ苦さを味わってから最後に甘みを感じてほしいから。

　ジュニパーベリー（ネズの木の実）は、甘苦くて針葉樹の香りのするスパイス。ローズマリーの青い香りに、グレープフルーツの酸っぱくてほんのりした苦味。このフレーバーが重なると、身体は軽く頭は冴えて鎮まります。グレープフルーツの代わりに、冬の終わりから春先にかけて旬を迎える文旦でつくるのもおすすめです。

材料（200㎖のグラス 4個分）
・グレープフルーツ（または文旦）の果肉…1個分
(A)・ローズマリー（ドライ）…7g
　　・ジュニパーベリー…6g（つぶして香りが出やすいようにする）
・熱湯…550㎖
・メープルシロップ…小さじ4
・ゼラチン…5g
・仕上げ用メープルシロップ…40㎖（グラスに各小さじ2ずつ）
・ジュニパーベリー（ジュレに浮かべる分として）…8粒

つくり方
① グレープフルーツの房をきれいにむく。
② ティーポットにAを入れ、熱湯を注ぎ10分ほど蒸らして濃いハーブティーをつくる。
③ ②の半分を小鍋に入れ、ゼラチンをふり入れ、中火にかけてよく溶かす。
④ 小鍋を火からおろし、残りのハーブティーと合わせて500㎖になるように調整する。鍋底を冷水にあて、粗熱を取る。
⑤ グラス4個の底にメープルシロップ小さじ1をそれぞれ入れ、その上にグラスの2/3ほどの高さまで①の果肉とジュニパーベリーを2粒ずつ交互に入れる。
⑥ 粗熱のとれた④をグラス一つひとつに静かに注ぐ。ラップで蓋をし、冷蔵庫でひと晩冷やす。
⑦ 食べる直前に、メープルシロップを小さじ2ずつ、ジュレの表面を覆うように優しくかける。

ニオイスミレを閉じこめて

早春の、ほんの短い間しか咲かないニオイスミレ。朝のうちに摘み取り、花弁の香りを閉じこめて、クリスタルフラワー（砂糖漬け）にしましょう。金平糖のように小さく甘く香り高い、宝物のようなひと粒ですが、咳止めにもなります。

　オーストリア土産にこのお菓子をいただいたことがあります。小さな入れ物を今も大切にしていますが、表に描かれた"皇妃エリザベート"の好物がスミレの砂糖漬けだったと聞きました。

　一般に卵白を使用しますが、卵アレルギーの方も召し上がれるよう、代わりにゼラチン液を使います。仄かでデリケートなスミレの香りを邪魔しない効果もあります。

　繊細な花に薄くゼラチン液を塗るには、細い絵筆を使うのがいちばんです。画家のような気分で、柔らかな花びらを痛めないようそっと丁寧に塗り、お砂糖をまぶしつけて乾燥させます。こうしておくと、しばらく保存が利くので、春が過ぎても大切にとっておいたひと粒を口に含めば、香りがふわりと広がって、いつでもニオイスミレの咲くころに戻れます。

　つくり方を覚えれば、季節の花々を同じようにクリスタルフラワーにして楽しめます。毒のないもの、苦味のないものを選びましょう。

材料（つくりやすい分量）

・ニオイスミレの花…10個
・粉ゼラチン…5g
・水…70㎖
・グラニュー糖…適量

下準備

・平たいお皿に、グラニュー糖を1㎝程度の厚さに広げておく。

カモミール、ローズ、スイートシスリーの新芽もクリスタルフラワーに

つくり方

① 小鍋に水と粉ゼラチンを入れ、弱火でよく煮溶かす。溶けたら火を止めておき、人肌ほどの温度になるまで粗熱をとる。

② ボウルに40～50℃の湯を用意し、①のゼラチン液が固まらないように湯せんしながら、水彩画用の極細筆を使ってスミレにまんべんなくゼラチン液を塗る。ゼラチン液を塗ったスミレは準備しておいたグラニュー糖の上にのせていき、まんべんなくまぶしつける。

③ ②をケーキクーラーなどの上に重ならないように並べ、乾燥させる。乾いたらすぐに乾燥剤と一緒に密閉容器に入れて冷暗所で保存し、半年以内をめやすに食べる。

※ スミレを水とグラニュー糖に漬ければシロップになります（写真後列の瓶）。

ディリーブレッド

　エリ子さんの友人で、美味しいものが大好きな方がいます。カナダ系アメリカ人で、いつも色々なレシピを教えてくれますが、このディリーブレッド（dilly bread）もそのひとつ。ディルシードとクリームチーズを練りこんだ、しっとりした食感のパンです。

　「私にとってはキャラウェイシードは冬の風味、ディルシードは春の風味なの」

　キャラウェイはよく北欧のライ麦パンに使われていますから、確かに冬っぽい。ディルシードは春から夏の料理で活躍するので納得です。スパイスやハーブの風味で季節を感じていることがよくわかるお話でした。

　このパンでサンドウィッチをつくりたくなって、もう少し薄く切りやすくなるようにもとのレシピに卵を加えてみました。クリームチーズを減らしてさっぱりとした味わいにアレンジしたので、いろんな中身を楽しめます。スモークサーモンやルッコラ、きゅうりにチーズをさっと挟んで、ピクニックに持っていきましょう。

材料（21×10×9cmのローフ型1台分）

- 強力粉…380g
- ドライイースト…4g
- 塩…5g
- 砂糖…20g
- ぬるま湯…200ml
- 卵…1個
- クリームチーズ…40g
- 玉ねぎ…1/4個
- バター（食塩不使用）…大さじ1
- ディルシード…4g
- オリーブオイル…小さじ1

下準備

- 玉ねぎをみじん切りにし、大さじ1のバターで色づくまで炒めてディルシードを混ぜて冷ましておく。
- 型にバター適量(分量外)をまんべんなく塗っておく。

つくり方

① 大きめのボウルに強力粉、ドライイースト、塩、砂糖を入れてよく混ぜる。

② 割りほぐした卵に40℃程度のぬるま湯を入れ、①に一気に加えて手でよくこねる。

③ 全体がまとまってきたらクリームチーズを入れ、生地全体に練りこみながらさらに滑らかに弾力が出るまでこねる。最後に生地を広げ、炒めておいた玉ねぎとディルシードを入れて、全体に均一になるようにさらにこねる。

④ 弾力が出て表面がつるりとするように丸め、オリーブオイルを塗った深いボウルに入れ、乾かないようにラップをかけ、40℃に設定したオーブンで1時間15分ほど一次発酵をさせる。

⑤ 生地が2倍程度に膨らみ、指で押して跡が残るくらいになったらパンチしてガスを抜き、生地を2等分してめん棒で12×18cm程度の大きさにのばす。ナマコ型に成形して型に入れ、一次発酵と同じようにラップをかけて40℃のオーブンに入れて30～40分ぐらい二次発酵をさせる。

⑥ 生地が型の八分目まで膨らんだら、190℃に予熱したオーブンで35～40分焼いてできあがり。

お日様笑う、たんぽぽワイン

たんぽぽの花を摘むのがいちばん好きなのは、なんといっても子供たちでしょう。誰にも叱られずに摘んでよい花なので、満面の笑みで持ってくる子がたくさんいます。花輪や髪飾りにしたり、腕輪に指輪にと楽しそうですが、身体をきれいにして元気づけてくれる身近な薬草でもあります。私もたんぽぽを摘むのが大好きです。料理に染色に、庭の肥料として利用することも覚えました。

　ここに住み始めたころに読んだ、レイ・ブラッドベリの小説『たんぽぽのお酒』のある場面に心惹かれました。寒い冬の日、地下室にしまってあるたんぽぽのお酒を、家族が一人ひとりそっと飲みにいくところです。地下室から戻ってくると誰もが、おばあちゃんさえも顔色がよくなって、お日様に当たったみたいに幸せそうになるのです。

　それからたくさんの冬を過ごして、私はバルトの旅でたんぽぽのお酒に出会いました。ミードというハチミツ酒に、たんぽぽの花の苦味と甘みを合わせたものです。それは陶製の美しい瓶に入って、リトアニアの公設市場の片隅におかれていました。

　憧れた日からずいぶん経って、自分なりにとても簡単な「たんぽぽのお酒」をつくりました。ミードのように甘くはないので、お好みでハチミツを加えて飲んで下さい。ショットグラスに1杯ぐらいがちょうどよい。心細くよるべない日に、お日様の暖かさが優しく包んでくれるような気がします。

材料（つくりやすい分量）
・たんぽぽの花…片手いっぱい
・白ワイン…300〜400㎖

つくり方
なるべく洗わずに済むような、きれいなたんぽぽを見つけたら、容器にたんぽぽを入れ、浮いてしまわないようにワインで満たします。たんぽぽの香りがワインに移ったら、好みでハチミツを加えて楽しみましょう。

ダンデライオンムース

たんぽぽ（ダンデライオン）の根は、その苦味と香ばしさからコーヒーの代用品として長く利用されてきました。カフェインを含まず、肝臓を丈夫にする薬草でもあります。この柔らかな喉越しのムースは、ローストした根をコトコト煮つめて香ばしい風味を凝縮させたエキスでつくります。黒砂糖を加えれば、さらに深みのある味わいに。

　野生のものは、春の雨上がり、静かに力強く引っ張るとうまく抜けます。土をきれいに洗って細かく刻み、乾燥させてからフライパンでじっくりローストしましょう。でも、これはなかなか根気の必要な作業なので、市販の「たんぽぽコーヒー」を利用すれば簡単でじゅうぶん美味しくつくれます。

　ライオンの歯のようにギザギザした形のたんぽぽの葉は、春先は柔らかく食べやすいのでサラダに混ぜるのもおすすめです。抜群の利尿作用もありますから、根とあわせて身体中を清めてくれます。庭や野原でおなじみのたんぽぽを見る目が、きっと変わります。

材料（150mlの器4個分）
・たんぽぽの根…10g（ローストしたものをさらに粉にして使用）
・水…250ml　・ゼラチン…5g　・黒砂糖A…50g
・牛乳…130ml　・生クリーム…200ml　・黒砂糖B（細かくしておく）…大さじ1

つくり方
①小鍋にたんぽぽの根と水を入れ、弱火で半量（120ml）になるまでコトコトと煮つめて濃いたんぽぽコーヒーをつくる。

②①を茶漉しで漉して小鍋に戻し、ゼラチンをふり入れて中火にかける。ゼラチンが溶けたら黒砂糖Aも加えてよく溶かす。

③②をボウルに移し、牛乳を加えたら、別のボウルに用意しておいた氷水に当てて冷やす。ときどきゴムべらで混ぜて、均一にとろみをつける。

④③を冷やしている間に、別のボウルに生クリームを入れ、黒砂糖Bを加えてふんわりと八分立てに泡立てておく。③のゼラチン液が冷えてとろみがついてきたら、生クリームの一部をボウルに入れ、ゴムべらでざっくりとなじませる。

⑤④に生クリームの残りをすべて加え、ゴムべらでボウルの底からしっかりとよく混ぜる。

⑥レードルを使って容器に取り分け、冷蔵庫で3時間ほど冷やし固めていただく。好みで上にたんぽぽの花びらを散らしても。

マイ・スイートシスリー

庭のスイートシスリーは、美しいけれどタフなハーブです。少々のなごり雪などなんのその、柔らかな、まるでシダのような明るい緑色の葉を広げます。葉も茎も、かじるとアニスのような甘い風味がします。庭を散策する方々に味わっていただくのが、私の楽しみのひとつです。

　小花が集まってひとつになったこの花が大好きです。とても軽くて、繊細な白いレースのよう。水揚げが悪いので、切花にも、まして花束にも入れられない気難しい花だからこそ愛おしいと思うのです。

　ならば今日はこの女王様を主役にして、緑の騎士で守られた飲みものをつくりましょう。アンジェリカの青い薬草の香りと、ブラックペパーミントの冷たく鋭い香りに包まれた、ほのかな甘い香りを届けてくれるスペシャルウオツカになりました。美しく飲みやすいので、明日のためにはほどほどに。どうぞ、女王様のご加護を。

材料（1人分）

・スイートシスリーの花…ひと房
・アンジェリカの茎葉…1つ
・ブラックペパーミント…ひと枝
・ウオツカ…5㎖
・トニックウォーター…150㎖
・アンジェリカの茎（ストロー用）…グラスの長さに合わせて1本

つくり方

グラスにウオツカを注ぎ、ハーブを入れ、トニックウォーターで満たします。アンジェリカの茎をストローに。アンジェリカの汁が皮ふについて日に当たると、刺激することがあるので注意しましょう。

風光茶話 1

始まりの物語

草花と出会って

萩尾　最初に出会ったのは、理恵さんがまだ19歳くらいのときでした。子供のころはどんなふうだったのかしら。この本ではハーブや色々な植物を使ったお菓子をつくってもらったから、草花との出会いを聞きたいな。

永易　私、実家は戸隠なんですが、企業の保養所を住みこみで管理していました。通学は徒歩、でも保養所は山の中なので、小学校までは4キロぐらいあるんです。道すがらお腹が空いちゃうから、ほんとうに道草を食べていました（笑）。草花といえば、思い出すのはまずこれでしょうか。

萩尾　私も道草はよく見てる。「これは食べられるかしら」なんて。東京から蓼科に越してきたころはお金もなかったから、牧野（富太郎）の植物図鑑とにらめっこをして野の草を食べてみたり。白黒の本だから見分けるのが簡単じゃなくて。食べられるような立派な草って、そんなにたくさんはないでしょう？

永易　そうですね。だからまあ、スカンポ（イタドリ）とか、通学路で1箇所だけ桑の実が採れるところがあって、それを食べたり。あとは、タケノコじゃないですが、クマザサの新芽のところをこう、丁寧にむいていくと、美味しくはないんだけど（笑）、食べられるんです。

萩尾　なかなかない経験ね。

永易　家はとても標高が高い場所にあって、学校まで4キロの道のりを半分降りれば、冬だったらちょっとだけ早く春を見つけられる。「ここのユキヤナギがいちばん最初に芽吹くな」と思ったら、家で飾れるように折って持って帰ったりとか。あと、カタクリの花は、いつも最初に春を告げてくれる花で。

萩尾　きれいよね。

永易　私の父がカタクリが大好きで、しずしずと少しずつ増やしていました。テレビの天気予報のバックで流れる映像になったくらい、群生地に育てあげたりしてすごかったんです。あと、春と言えばニリンソウの花をおひたしにして食べたりとか。

萩尾　ニリンソウは私にとっても思い出の花ね。東京に住んでいたころ、友人の住む社宅の周りにうっそうとした草むらがあって、そこで見つけたの。そのころ、サンリンソウの出てくる詩を知っていて、「似てるけど、これは何」って。とっても可愛い花で、ちょっと毒があるけど食べられるのよね。

永易　トリカブトとよく似ているから見間違うんですよね。でも、ずっと見ているからだんだんと見破れるようになっていくのが面白くて。「こっちは大丈夫、こっちは死んじゃう」って（笑）。あとは、ヤマナシ。宮沢賢治の童話にもありますよね。実が落ちたらお酒に漬けこんで、ヤマナシの果実酒入りのチーズケーキを焼いたりしていました。

萩尾　お菓子づくりの原点もそんなところにあったのね。食べてみる、漬けてみるとか、なんでもやってみる。

永易　山菜を採って食べるのも、大切な出会いですね。採ってくれば保養所でその日のメニューに載って、やっぱり喜ばれるんですよね。ホップの新芽とか、アケビの新芽とか、お酒のつまみになったり。でも、ほんとうにちょっとだけなんですけどね。

萩尾　自然が暮らしの近くにある人は、やらずにはいられない感じがあるわね。そんなこと気にかけない人の目には全然映らな

い、ただの草にしか見えないけれど、見つける目があれば、見えてくる。

永易 食べものが見えてくれば、生きていける、生きのびる術にもなる。自分に必要なもの、しっくりとくることを手繰りよせる感じですね。

萩尾 私も、小さなころからなぜか草むらが大好きで。お向かいの家にバラが咲いているのが見えて、もちろん素敵だなあと思っていたけれど、それよりも草むらにいるほうが、なぜかとても落ち着いたの。

永易 すごくよくわかる気がします。

萩尾 幼いころからずっと東京だけど、わりといつも周りには木々や草むらがあって。結婚して移った先は昔、文士村と呼ばれていた辺りで、徳富蘇峰の住居跡が森みたいな公園になっていたりね。でも、住まいにはそこまで緑もなくて、ベランダでも色々と工夫をして楽しんだけれど、何かやっぱり物足りなくてね。

永易 どこか、「荒れ野」にいるような。

萩尾 そう。自分のこと、というよりも子供のためにというのがいちばんだったかな。もっと土とか草とか、触らせたいなってすごく思って。東京でももちろん公園なんかに連れて行くんだけど、子供が集まるようなところはだいたい遊具だけでしょう？

自分は仕事を辞めてしまって、子育てをしているものだからうつうつとしてくるし、夫とも色々考えて、それでここに引っ越してきました。そうしたらね、まず見あげたら空があった。

永易 ああ……。

萩尾 それに地面をよく見れば、草もある。これはもっと知りたいな、勉強したいなと思うんですよね。それに、さっき話してくれたみたいに、「これ食べられるかな」ってまず考えちゃう。そうしたら本がないと！となって、それで牧野さんや、色々な方の植物の本に出会っていくんですね。子供のころから読んできたおとぎ話の中には、それこそ野バラだったりタイマツソウ、ベルガモットなんかも出てくるのだけど、こうした本を読むうちに「ああ、私は西洋薬草が好きなんだな」って気がつきましたね。

お菓子づくりとカクテルづくり

萩尾 理恵さんは、どうしてお菓子づくりが好きになったの？

永易 最初のころに頑張ってつくったお菓子は、たしか誕生日ケーキだったと思います。家が忙しいから、誕生日なのに何もないじゃないか！となって「じゃあ、自分でつくるもんね」と、イチゴタルトをつくったんです。

萩尾 上手にできた？

永易 それが意外と難しくて。技術がないから生地がきれいに焼けなくて、簡単ではなかったですね。そうだ、話していたら思い出したんですが、その前にクッキーはよくつくっていたんです。それで生地はつく

れるようになっているし、あとはクリームをつくってイチゴを並べるだけだからできそう、と思ったんですけど。

萩尾 ちゃんとつくるのには技がいることを知ったのね。

永易 そのとおりです。そもそもその前にスポンジケーキを焼いてみて失敗していたんですよ。これは「泡立て」の技術がなくて。じゃあタルトなら……と思ったらそれも失敗。

萩尾 でも、めげずに色々つくってみたのね。

永易 だんだんと上手になってきたころ、父がお世話になった方に、私がつくったお菓子をプレゼントしようということになって。自作の果実酒を入れたマドレーヌを差し上げました。うん、美味しいといって召し上がって下さったんですが、次にお目に掛かったときに神戸のお菓子屋さんの、ものすごく美味しいマドレーヌを下さったんです。あれで満足してはだめ、もっと勉強しなさい、という意味で。

萩尾 世の中にはまだまだ美味しいものがあるんだからって。それに、お菓子は美味しいだけじゃなくて、美しさも大切だしね。プロの技はやっぱり違う。

永易 高校生のころにはお菓子屋さんでアルバイトもしましたが、やっぱり横で見ていると、なるほどこうやるのかと思いますよね。オーナーはやり方を教えても下さるんですけど、つくらせてくれるところまではいかないわけですから、これはちゃんと習わないといけないぞと思ったんです。それで、製菓学校に通うことにしました。

萩尾 私が理恵さんに出会ったのは、その学校を卒業するころでしたね。ちゃんとプロとしての技術を身につけてこそ、ですね。

永易 エリ子さんは、飲みものにまつわる思い出は何かありますか。この本ではたくさんの美しい飲みものを用意して下さっていますが。

萩尾 東京にいたころ、洋酒メーカーのカクテルスクールで少し働いていて。醸造酒に蒸留酒、お酒ができあがるまでの物語なんかもほんとうに面白いし、バーテンダーの所作がすごく美しいの。何より、カクテルそのものの面白いこと。超一流の講師が「もっとこう、キュッといかないと」とか、「こんなに水っぽくしてはダメ」とか、色々なお酒の種類や素材、つくられた歴史も踏まえて、美味しく美しくカクテルをつくる技術を教えてくれるんです。自分でバーテンダーになろうとは考えなかったけど、お酒の世界はなんて面白いんだろうって思いました。

その後、夫と出会って、小さなバーを始めて未熟なバーテンダーになったけれど、ちゃんとしたお酒を選んで、カクテルも自分で考えて、やりたいようにやりました。ミントジュレップに入れるミントからハーブの世界にも興味を持ったし、お酒の蒸留はアロマテラピーの精油にもそのまま通じているから、今の私のなりわいとはまっすぐ繋がっていたみたいですね。

オオカミたちの遠吠え

　アロマテラピー講座の最終回には必ずスコーンをお出しします。お客様の応対をしながら、レッスンの進み具合をエリ子さんと目で合図しつつタイミングを計りながら、オーブンから出したてのあつあつを召し上がっていただけるように準備します。もともとのレシピは、できるだけ余分な手間をかけずにシンプルにつくれるよう先輩スタッフが考えてくれたものですが、焼きあげ最後の5分でさっとオーブンを開け、仕上げにすばやくメープルシロップを塗ってツヤを出すのは、私が加えた工夫です。レモンの精油とラム酒が加わると、より香り高くなるのも気に入っています。

　上手に焼けたスコーンの割れ目を「オオカミの口」と呼びます。これまで何回も焼いてきましたが、オオカミたちが大きく口を開ける様子を見るとつい嬉しくなって、いつも一緒に遠吠えしたい気分になります。

　季節ごとの果物ジャムやふわふわの生クリーム、蓼科のハチミツをお供に、湯気の立つスコーンをふたつに割って、お好きなだけクリームをのせてどうぞ。ギザギザ、ぱっくり。今日もオオカミの群れが、オーブンの中で遠吠えしています。

材料（直径5.5cmの丸型8個分）

(A)・全粒粉 …100g
　　・薄力粉 …125g
　　・ベーキングパウダー …小さじ1
　　・塩 …ひとつまみ
・バター …40g
・砂糖 …25g
・卵 …1個
(B)・牛乳 …50ml
　　・レモンの精油 …2滴
　　・レモン汁 …小さじ2
　　・ラム酒 …大さじ1/2
・メープルシロップ …大さじ1

下準備

・オーブンを180℃に予熱しておく。

つくり方

① 大きなボウルにAをふるい入れる。

② 小さく切ったバターを①に入れ、両手でこすり合わせるようにして粉とよくなじませる。

③ 生地がポロポロになり、バターのよい香りがしてきたら、砂糖を加えてさらに両手でよく混ぜる。

④ 別のボウルに卵を割りほぐし、Bを材料の上から順に入れてフォークなどでよく混ぜる。全体がなじんだら③のボウルに入れ、カードやゴムべらを使って切るように混ぜ、こねないように生地をまとめる。

⑤ ④の生地をめん棒で2cm厚さにのばし、丸型で抜く。180℃のオーブンで13分焼いたらいちど取り出し、表面に刷毛で素早くメープルシロップを塗って戻し、さらに5分焼いてできあがり。

生まれたての透きとおった水

これを「おいしい水」と言うのでしょうか。でも、ただの水ではありません。大人の気分になれる飲みものですが、実はノンアルコールです。マドラーは棘を取った野バラ。くるりと回せば、ボサノヴァのメロディーも聴こえてきませんか。

　アンジェリカの青い香りと、丸くて淡い黄色のオレンジが奏でる曲に、トニックウォーターが旋律を加えます。アンジェリカは「天使の草」と呼ばれ、修道院の薬酒にも使われるハーブ。トニックウォーターは、古くはマラリアの治療に使うキナノキ樹皮から抽出したキニーネを炭酸水に入れたものでしたが、今は柑橘類の皮とハーブのエキスの入った炭酸飲料です。

　身体をしゃきっとさせたいとき、ごくごくと飲めば身のうちに美しい光が巡ってゆくでしょう。

材料（つくりやすい分量）
・アンジェリカの若芽…茎ごと1本
・ペパーミントの若芽…茎ごと1本
・黄金柑のスライス…数枚
・トニックウォーター…200㎖
・野バラの枝…1本

つくり方
グラスに氷を入れ、すべての材料を加えます。よく冷えたトニックウォーターを注いだらできあがり。棘を取った野バラの枝を差してマドラーに。

アンジェリカのコンフィ

真夏には背丈を越すぐらい大きくなるアンジェリカですが、ドイツでは、春の終わり、まだ茎が柔らかいうちの風味を活かしてコンフィ（砂糖煮）にするレシピが、古くから伝わっているようです。

　シュトーレンはドイツのクリスマス菓子として特に有名ですが、このアンジェリカのコンフィを入れるのが定番です。一年でいちばん緑の少ない冬至のころに、夏至のエネルギーを感じられるからなのでしょう。昔は冷蔵庫などありませんから、6月にはもう12月、クリスマスのころ何を食べるかを考えて準備をし、暮らしていたというわけです。

　ここよりも暖かい、海の近くに住む友人が夏みかんを送ってくれました。その皮もコンフィにして一緒に並べてみたら、まるでステンドグラスのように半透明で美しく輝いて見えました。

　ふたつのコンフィを刻んでブランデーに漬けこみ、私たちも今からフルーツケーキの仕込みをします。半年先にはすっかりなじんで、美味しいクリスマスの贈り物になることでしょう。

※夏みかんの皮を煮る方法は、「オランジェットに花ひとひら」(P.134)を参考にして下さい。

材料（つくりやすい分量）

・春先の柔らかいアンジェリカの茎…400g

(A)・グラニュー糖…300g
　　・水…240mℓ
　　・レモン汁…大さじ2

つくり方

① アンジェリカの茎は10cmの長さに切り、熱湯で2〜3分さっと茹でる。すぐに冷水にとって冷ます。このとき、大きな筋があるようならナイフなどですーっと引いて取り除く。

② 鍋（アルミ製のものは避ける）にAを入れて煮立て、濃いシロップをつくったら、①を入れてそのままひと晩おく。翌日、鍋を弱火にかけ、焦がさないようにときどき揺すりながらシロップが半量程度になるまで煮つめる。

③ 鍋からアンジェリカを取り出してオーブンシートの上におき、グラニュー糖適量（分量外）を全体にまぶしてそのまま風とおしのよい場所で乾かす。または天板の上にオーブンシートを敷いてアンジェリカを並べ、100℃に予熱しておいたオーブンで表面が乾くまで焼いても。

大天使の飲みもの

アンジェリカの砂糖煮を使った、ノンアルコールの飲みものです。シャルトリューズ、ベネディクティンなどの、修道院秘伝の薬酒には欠かせない薬草でつくります。
　茎の輪切りはソーダ水を注ぐと、水玉のようにくるくると踊ります。この天使は軽やかで清々しく、間違ってもお説教など申しません。するりと飲めば心も身体も瑞々しく潤って、エネルギーが溢れてくるでしょう。見えない小さな翼が背中に生えて、心優しい人になっているかもしれません。

材料（つくりやすい分量）
［アンジェリカの砂糖煮］
　・アンジェリカの茎…150g
　・マドラー用のアンジェリカの茎…1本（細いもの）
　・カルダモン…8粒
　・グラニュー糖…200g
　・水…200㎖
・炭酸水…200㎖

つくり方
① 鍋に水とグラニュー糖、カルダモンを加え、火にかけて煮立てる。
② 沸騰したらアンジェリカの茎を薄切りにして加え、再び沸騰後さらに5分ほど煮る。
③ 火を止めて蓋をし、鍋のままおいて冷ます。
④ よく冷えたグラスに③を小さじ2入れ、上から炭酸水を注いで満たしてできあがり。マドラーでよく混ぜながらいただく。

大気はずむ夏

小花と気泡の小さな世界

スイートウッドラフ（セイヨウクルマバソウ）は、車輪のような緑色の葉と純白の小花のコントラストが美しいので、庭で見かけた方からは必ずその名を聞かれます。真夏の強い光は苦手、寒さにはめっぽう強く、木漏れ日の大好きな、ツヤツヤピカピカの元気な子。
　英国ではこの花を慈しみ、春を祝う伝統の飲みもの「メイカップ」として飲むのだそうです。その名のとおり普通は5月ごろに花が咲きますが、私たちの庭では6月から7月の初夏に見られます。
　この透きとおった美しい一杯は、仄かな甘さでしゅわりとした喉ごし。黄金柑は木陰の下の穏やかな光、ワインの気泡は森から生まれた大気のよう。白い妖精たちを抱き、巡る季節の喜びを伝えてくれます。

材料（つくりやすい分量）

・スイートウッドラフ…花のついた枝数本
・黄金柑…薄い輪切り1枚
・スパークリングワイン…250mℓ

つくり方

スイートウッドラフと黄金柑をグラスに入れて、スパークリングワインを注ぐだけです。

宝石箱のパイ

　エリ子さんの著書『あなたの木陰』にも登場したひとくちパイです。軽やかに、ひょいとつまめる形に焼き上げました。主役はアンジェリカ。庭でいちばん背が高い、美しい緑色の大天使です。茎の真ん中が空洞で蕗によく似ていますが、この草にしかない、甘くて少し苦い香りが特徴です。

　庭ではちょうどルバーブも食べごろ。大きな葉をしたジャムでおなじみの植物は、酸っぱい茎を焼くとまた独特の美味しさです。

　パイといえばクリームを挟むのも美味しいですが、今日はサクサクと細かく刻んだ材料にお砂糖をからめた食感と香ばしさを楽しみましょう。

　太陽の光が当たると焼き上がった表面がキラキラと輝いて、庭からもらった宝石のようです。風味豊かな青いカシスの葉を入れたダージリンティーと味わえば、身体中が緑で満たされます。

材料（16個分）

- アンジェリカ（25cm）…3本
- ルバーブ（25cm）…4本
- グラニュー糖…大さじ3
- メープルシロップ…大さじ2

［パイ生地］
- 発酵バター（食塩不使用）…200g（1cm角にカット）
- 冷水…120㎖

(A)・薄力粉…110g ・強力粉…110g ・塩…3g

下準備

- アンジェリカとルバーブは幅5㎜に刻み、同じボウルに入れてよく混ぜておく。
- フードプロセッサーを冷やしておく。
- パイを焼く前になったら、オーブンを200℃に予熱する。

※アンジェリカとルバーブはどちらも2cm前後の太さのものを使いましょう。
※パイ生地用のすべての道具と材料を冷やしておくと、焼き上がりがサクサクになります。

つくり方

① パイ生地をつくる。Aをフードプロセッサーに入れて回し、全体が混ざったら冷たいバターを加え、さらに3秒ずつ10回程度回す。

② バターがポロポロと細かくなり、粉全体となじんだら、ボウルに移して冷水を入れ、手早くまとめる。このとき手は使わずカードを使って生地が温まらないよう注意する。

③ 生地はこねず、たたんでは押してざっくりとまとめていく。ラップで平らに包み、冷蔵庫に入れて30分休ませる。

④ まな板に打ち粉をし、③の生地を3㎜厚さの長方形になるようめん棒でのばす。

⑤ ④を1/3ずつ折りたたみ、90度方向を変えてからもういちど長方形にのばす。1/3ずつ折りたたみ、ラップで包んで再度30分休ませる。これを3回繰り返す。

⑥ ⑤のパイ生地を20×30cmにのばしたら、全体にフォークで穴を開け、生地全体にパラパラとグラニュー糖をふりかけて刻んだルバーブとアンジェリカをまんべんなく散らす。縦半分、横に8等分に生地をカットし、オーブンシートを敷いた天板の上に並べる。

⑦ 200℃のオーブンで⑥を25分焼き、いちどオーブンから出して刷毛でメープルシロップを表面に塗る。オーブンの温度を180℃に下げてさらに10分焼いてできあがり。

白い花たちのムース

　エルダーフラワーを摘むのは、一年のうちでも特別に心が躍ります。育ててみてわかったのは、花は豊かに咲く年も、そうでない年もあるということ。咲きだしたら、あっという間に花がこぼれ落ちてしまうので、見逃さないようすぐに摘まないといけません。

　一房だけでも手のひらより大きくて、籠に入れると光をとおす繊細な刺繍のようです。この薬草は熱を冷まし、炎症を鎮めるので「田舎の薬箱」とも呼ばれますが、お茶にするととても美味しくて、シロップにして保存することもあります。

　初夏に咲くこの白い花々をミルクの白と重ねて、優しい味のムースをつくりました。りんごの香りのジャーマンカモミールを加えると、マスカットの香りのエルダーフラワーが引き立ちます。

　ドライハーブだけでもつくれますが、フレッシュハーブが手に入れば組み合わせてもよいでしょう。ハチミツは花の香りを感じられるものを使うと、いっそう美味しくなります。

材料（150mlのカップ4個分）

（A）・エルダーフラワー、ジャーマンカモミール…
　　　　フレッシュハーブなら、両方合わせて片手に優しくひと握り分。
　　　　ドライハーブなら各3g
　　・熱湯…170ml

・ゼラチン…8g
・牛乳…250ml
・ハチミツ …50g
・生クリーム…200ml
・砂糖…大さじ1/2

下準備

・ゼラチンは大さじ1の水でふやかしておく。

つくり方

① Aのエルダーフラワー、ジャーマンカモミールをポットに入れ、上から熱湯を注ぎ8分間抽出して濃いハーブティーをつくる。

② 小鍋に①のハーブティー150mlとふやかしておいたゼラチンを入れ、全体がなじむまで弱火にかける。

③ ②にハチミツ、牛乳を加えてよく混ぜたら、鍋底をボウルに入れた氷水に当てて混ぜながら冷やす。

④ 生クリームに砂糖を加え、八分立てに泡立てる。③の液体が冷えてトロリとしてきたら、1/3ずつ生クリームを加えてよく混ぜる。

⑤ ④を器に入れ、冷蔵庫で3〜4時間冷やし固める。

⑥ ⑤を冷蔵庫から取り出し、好みでエルダーフラワーを適量（分量外）散らしていただく。

せせらぎのジンソーダ

庭の横を流れる小川は、山の上のダムの都合で流れたり流れなかったりする、農業用の水路です。涼風のほしい季節はたいてい枯れているのに、大雨の後などにはふいに現れます。きらきらと輝くせせらぎは、銀のリボンをつけた贈りもののようです。このささやかな幸に乾杯したくなりました。

　ベルガモットのハーブウォーターを使って、ジンソーダをつくりましょう。とっておきのジュニパーベリーを加えたら香りがさらに豊かになって、特別の飲みものになりました。ヨーロッパでは、この黒くて丸い実は小鳥たちの冬の食料です。熟すのに２、３年かかるので、地域の人々は鳥たちのために広い森を大切に守っているのだそうです。

　せせらぎの音色を聴きながらほんのりと甘い実をついばめば、私たちもまるで夏の小鳥のよう。山と森からの恵みは、爽やかにするすると身体を巡りました。

材料（つくりやすい分量）

・お好きなジン…５㎖
・ベルガモットの若葉のハーブウォーター（もしくはベルガモットのハーブティー）…30㎖
・ジュニパーベリー…５粒
・レモン…輪切り1/4枚
・トニックウォーター…100㎖
・氷…適量
・ベルガモットの新芽…１本

下準備

・ベルガモットの若葉のハーブウォーターはあまり市販されていないので、専用の蒸留器で自作します。用意が難しい場合は、濃くいれたハーブティーでも美味しくつくれます。

つくり方

グラスにジン、氷、ハーブウォーター、レモン、ジュニパーベリーを入れてトニックウォーターを注ぎ、マドラーでくるりくるりと２周ほど、静かにかき混ぜます。ベルガモットの新芽を飾ってできあがりです。

美肌のための桃サラダ

桃は、西遊記にも登場する西王母が大切にしている不老不死の実だと言われています。この神秘的で麗しい果物は、その香りを鬼が嫌うため魔除けの力もあるそうです。肌に潤いと柔らかさを与えてくれるので、きっと仙女さまの美肌も守られていたに違いありません。

　夏の陽射しから肌を守ってくれる栄養と、心を浮き立たせる香りのサラダです。まだ熟し切っていないさっぱりとした桃を使いましょう。青々しい香りのオリーブオイル、レモン汁の酸味ともバランスがよくて、料理の前菜にぴったり。皮をむいた桃が空気に触れて茶色くなってしまうのを防ぐためにもレモン汁の酸味は大切です。

　アールグレイ紅茶の茶葉はベルガモットの花によく似た香りですから、代わりにしてもよいでしょう。スイートシスリーはアニス様の香りが素敵ですが、繊細な葉の形も魅力的な彩りです。フェンネルの葉やアニスシードに代えてもよく合います。ひんやりと冷やしてお召し上がり下さい。

材料（2人分）
・桃…1個
・レモン汁…小さじ2
・オリーブオイル…大さじ1
・モッツァレラチーズ（小さなもの）…5個
・ベルガモットの花…2房
・スイートシスリーの葉…6枚
・塩…適量（お好みで）

つくリ方
①桃の皮をむいて、ひとくち大のくし形切りにしたら、すぐにレモン汁をかけて和える。
②モッツァレラチーズを半分に切って、オリーブオイルとともに①に加える。
③冷やした皿に②を盛りつけベルガモットの花とスイートシスリーの葉を散らし、好みで塩をふっていただく。

麗しき花のマーチ

花々が謳うこの季節。庭を眺めるだけでも元気になるけれど、飲むことができたらもっといいのにと、きりりと美しいカクテルをつくりました。ハマナスの赤い花びらは真紅のハート。心の中に秘やかな炎を燃やし、奏でるは華やかなマーチです。ローズ・ド・メという、バラの名がついたカーネーションをタクトにするのも忘れずに。

　見た目は愛らしく甘い香りはするけれど、なにせ強いお酒が入っています。夏の色と気配を身の内に入れれば勇気が湧いてきて、明日にはもっとしっかり歩いていけそうです。

材料（1杯分）

・びわのコンポート…2個
・ハマナスの花びら…6枚
・レモンバームの葉…4〜5枚
・カーネーション（ローズ・ド・メ）…1本
・愛しい春のスピリッツ（P.10）…20㎖
・炭酸水…80㎖

つくリ方

グラスにスピリッツを入れ、びわのコンポートとハマナスの花びら、レモンバームの葉を加える。スピリッツに漬けたサクランボがまだ残っていたら入れる。炭酸水を注いで、カーネーションの枝をマドラーに。ひと回しして差す。

●びわのコンポートのつくリ方

材料（つくりやすい分量）

・びわ…4粒
・水…200㎖
・グラニュー糖…大さじ2

つくリ方

小鍋に洗って皮をむいたびわを入れ、水とグラニュー糖を加えて弱火にかける。沸騰したら火を止め、そのまま冷ましてできあがり。保存は汁ごと清潔な容器に入れて冷蔵庫に。1週間程度で食べきること。

にぎやかなクラッカープレート

標高1,100mのこの辺りでは、「カッコウが鳴いたらもう遅霜は来ない」と言われています。鳴き声に耳を澄ませながら、寒さに弱いローズマリーの苗を植えたり、バジルの種まきをしたりします。
　そこから庭はほんのわずかな間にぐんぐんと勢いを増して、小さかった葉も花も姿をどんどん変えてゆきます。この時期のハーブは柔らかで美味しいのですが、朝に「後で摘もう」と思っていたバジルの新芽が、昼過ぎには虫たちのランチになっていることもあるのです。
　ぼんやりしていると今だけの味を食べ損ねてしまうので、手早くつくれるクラッカーの登場です。簡単なオードブルのように何でものせて食べられるし、そのままでも美味しい。フレッシュチーズやハチミツ、摘んだばかりのハーブ、旬の短い初夏のフルーツで色とりどりの様子は、まるで小さな収穫祭のようです。
　今日は、のせるものの味に合わせて2種類のクラッカーをつくりました。プレートの右から時計回りに「バジルとディルの花のオリーブオイルマリネ、カマンベールチーズ」と「ディルとマスカルポーネチーズ」。のせたのはオリーブオイルのクラッカー。塩気のあるものに向いています。
　次は「ルバーブジャムとレモンタイム、マスカルポーネチーズ」に「ハチミツとローズ、マスカルポーネチーズ」。こうした甘めのものには、スペルト小麦のクラッカーがよく合います。あんずのコンポートとそのままのチェリーをデザートに、おしゃべりしながら楽しんで下さい。

クラッカー2種

■ オリーブオイルのクラッカー

材料（つくりやすい分量）

・薄力粉…100g
・塩…小さじ1/2
・オリーブオイル…大さじ2
・水…大さじ2
・フレッシュハーブ（レモンタイム、イタリアンパセリ）を刻み合わせたもの…大さじ1

※フレッシュハーブは好みで、ローズマリー、チャイブ、マジョラム、バジルなど2～3種類を組み合わせても。

下準備

・オーブンを175℃に予熱しておく。

つくり方

① ボウルに薄力粉と塩を入れてざっと混ぜ、オリーブオイルを加えて全体になじませる。ハーブ、水も加えて生地をまとめる。

② 20×20cmの四角にのばし、好みの型で抜くか、包丁で切りこみを入れてオーブンシートを敷いた天板に並べ、175℃のオーブンで25分焼いてできあがり。包丁で切った場合は、冷める前に切りこみにそって切り離す。

■ スペルト小麦のクラッカー

スペルト小麦は、ヨーロッパでは青銅器時代から栽培されている原種の小麦です。風味がよく、焼き菓子に加えるとサクサクほろりとして口当たりのよい仕上がりです。

材料（つくりやすい分量）

(A) ・スペルト小麦…60g
　　・薄力粉…40g
　　・砂糖…30g
　　・塩…ひとつまみ
・ココナッツオイル…大さじ3
・牛乳…大さじ2

下準備

・オーブンを170℃に予熱しておく。
・ココナッツオイルを湯せんで溶かしておく。
・牛乳を40℃程度に温めておく。

つくり方

① ボウルにAを入れ、泡立て器でざっと混ぜる。

② ココナッツオイルを加えて、手早く全体になじませる。

③ 牛乳を加え、ひとまとめにしたら、めん棒で厚さ3mmにのばして好みの型で抜き、オーブンシートを敷いた天板に並べる。

④ 170℃のオーブンで25分焼き、天板の上でそのまま冷ましてできあがり。

ハーブオイルの例。写真のものはレモンタイムとレモングラス入り

●ハーブオイル

材料（つくりやすい分量）

オリーブオイルのクラッカーは、このオイルでつくるとさらに美味しいです。

・スイートバジル、タイム、ローズマリー、マジョラム、オレガノなどのフレッシュハーブ…全部合わせて片手にのるぐらい
・にんにく…1片　・赤唐辛子…1本
・オリーブオイル…200㎖

つくり方

小鍋に皮をむいてつぶしたにんにくとオリーブオイルの半量を入れ、弱火にかける。香りが立ってきたら、洗って水けを拭いたハーブを入れて弱火でさらに煮る。ハーブの水分が飛んだらすぐに火からおろし、残りのオリーブオイルと赤唐辛子を入れて余熱で火をとおす。

オイルが冷めたらハーブがオイルに浸る程度の大きさの清潔な保存容器に入れる。ひと晩おいたらハーブだけ取り除いてできあがり。

保存期間：常温で約2週間

●あんずのコンポート

煮崩れやすいあんずのコンポートは、湯せんにかけて低温でゆっくりと熱を加える方法がおすすめです。コツは種も一緒に煮ること、煮る際に密封袋の中であんずがすっかりシロップに使っているようにすること、そして大きなお鍋にたっぷりのお湯で湯せんすること。香り付けに入れるハーブは、ミントやローズマリーでも爽やかです。

材料（つくりやすい分量）

・あんず…250g（5〜6個）・ベルガモットの葉…10枚
(A)・グラニュー糖…80g・水…200㎖
・耐熱のチャック付き密封袋（20×20cmサイズ以上のもの）…2枚

下準備

・ベルガモットは使用直前にサッと洗い水けを拭き取っておく。
・湯せん用の湯を2ℓ程度たっぷりと沸かしておく。

あんずのコンポートは桃のようにまるごと煮る方法をとりません

つくり方

①シロップをつくる。Aを小鍋に入れ火にかけ、グラニュー糖が溶けたらベルガモットの葉を入れて蓋をし、香りを移すために15分おく。

②あんずは包丁で半分に割り、種を取り出す。耐熱のチャック付き密封袋に実と種を入れ、①のシロップを注ぐ。空気を抜いて口を閉じ、さらにもう1枚の中に空気を抜きながら二重になるように入れて、しっかりと口を閉じる。

③大きめの鍋に湯せん用の熱湯を注ぎ、②を完全に湯の中に沈むように入れて（重石代わりにお皿などを入れて沈めても）、鍋肌に密封袋がつかないように注意しながら弱火で20分湯せん煮にする。

④火を止め、そのまま冷まして、粗熱が取れたら冷蔵庫でひと晩冷やす。食べるときには種を取り出す。

風光茶話 2
ワイルドデイジーカフェ

小さな小屋から

永易 いちばん最初にお店を始めたのは、今のこの場所ですよね。

萩尾 散歩の途中でこの小屋を見つけたの。とおり過ぎながら「素敵だな、ここで何かできないかな」って思っていて、当時の大家さんに尋ねたら快く貸して下さって。私、引っ越して来る前に陶芸を習っていたのね。

北鎌倉の女性陶芸家で、子供のころ（北大路）魯山人の近所で仕事を眺めてたっていう人に。焼きものは好きだったから、最初はここを陶芸工房にしたら楽しそうだなって。

永易 それがどうしてハーブショップになったんですか。

萩尾 ここに住むようになって、ますます西洋植物に興味を持つようになってね。そのころ、私の父がたまたま仕事で植物に関

わっていたから、タイムの苗だとか、色々なものを送ってくれたんです。そういうものを植えてみると、東京にいるころよりずっとよく育ってくれた。収穫して使ってみると、最初はなかなかわからないんだけど、ああ本物の匂いはこんなに違うんだなあとか、そんなことも感じられるようになって。

　そのうち、夫の友人が「ハーブのことならこれを読みなさい」ってこんな分厚い『A Modern Herbal』っていう、その世界では定番らしい洋書を下さったの。今思えばイギリス中心の内容だから、そこまで話題は広くないんだけれど、精油のことも一応載っているし、これはかなり面白いなあって。一生懸命、辞書を片手にすみずみまで読んでいたの。この本は今でも大切な一冊。

永易　ほら、漢方の細い薬草棚があるじゃないですか。開けても開けてもまだまだ奥があって色々なものが出てくる棚。そんな感じですよね。世界が広がって、次々に見えてくるというか。

萩尾　そんなときに、雑誌で見た一枚の写真があってね。パリの薬草店の写真。いかにも歴史を感じさせるような古い建物の店内で、透明な瓶に入った薬草がずらりと棚に並んでいて。ああ美しいな、こういうのがいいなって。これをやりたいって思ったのね。

永易　ぱっと思い立って始めたんですね。

萩尾　でも、いきなり「ハーブ」って言っても今ほど知っている人はいないから、少しずつ工夫をして。やっぱり飲みものから入るのが親しみやすいでしょう。ハーブティーはまだまだなじみがなかったから、ドイツの会社の、天然香料を使った質のいい紅茶にハーブをいくつかブレンドして、オリジナルのお茶をつくってみたの。紅茶はみんなわかるから、受け入れてもらえましたね。

永易　今でも定番で、ファンも多いお茶ですね。確かに、純粋なハーブティーだと味を想像できないかもしれませんね。

萩尾　それでも、少しずつハーブも世の中に知られるようになってきて、そうしたら地域や公民館のようなところから教えてほしいという声もいただくようになって、出掛けることも増えましたね。それであるとき、すぐ隣のテニスコートのクラブハウスを改築するから、ハーブを使ったカフェをやらないかという話になったの。

大きな庭と広いカフェ

萩尾　とても小さなお店から、大きな建物に移って、ショップは何倍も広いしカフェもある。名前は、大好きなハーブから「ワイルドデイジーカフェ」。夜も開くのはさすがに無理だから、昼間の喫茶とランチの営業だけ。それでも、目が回るほど大変でした。朝は焼きたてのパンがあるし、ランチは日替わりプレートと日替わりカレーの組み合わせ。スイーツや紅茶も、もちろんハーブティーもあるし、コーヒーだってきちんとたてて。そのうえ、私は店でも外でもレッスンをやったり、広いガーデンの手入れをしたり。今、思い出してもよくできたなと思います。

永易　私が初めてお邪魔したのは、もとのお店から移って数年経ったころだと思います。もうすぐ卒業で仕事を探さなくてはいけない、そんな時期でした。就職活動をしなければいけないのに、学校で渡される求人リストに向き合う気持ちにどうしてもなれなくて。そんなとき、姉が私と友だちを

ハーバルノートに連れて行ってくれたんです。大きなハーブガーデンがあって、そこから摘んできたハーブを料理に使っていたり、オープンキッチンからパンもジャムも全部手づくりで出てくるし、ハーブティーもポットサービスで、どんな小さなものにも必ず工夫があって。すごく素敵ねと思いました。

萩尾　食材はよいものを使っていたし、お皿もオリジナルの柄で用意して、ずいぶん贅沢をしていました。採算なんてまるで考えない夫婦が、「自分がしっくりくるしつらえの中で、いちばん美味しいと思うものを出そう、毎日違う味を楽しんでもらおう」って、夢のような世界をつくっていただけなんだけど。

永易　あのとき見たお店の光景、料理の美味しさが、そのあとも忘れられなくて。「どういう人がどんな想いで開いているのか知りたい、お話しをしてみたい」と、夏休みに思い切って電話したんです。実家も含めて、少なからず食の現場の舞台裏も見ていましたから、そんな関心もありました。

萩尾　実はそのとき、求人はしていなかったのよね。でも、せっかくだから来てみたら？と会うことになって。そうしたら、しばらくして偶然スタッフがひとり辞めることになったの。「ああ、あの子！」と、理恵さんの顔が浮かんだから、声を掛けました。

永易　働くようになって驚いたのは、エリ子さんがほんとうに毎日違うメニューでお客様を迎えていたこと。同じ食材でも味付けや調理方法を変えて、日々違った姿に変わっていました。

萩尾　「どうやって思いつくの」とよく聞かれるけれど、それは自分の中からの発想だけじゃなくて、周りのものから思いつくことが大きくて。子供たちと散歩の途中で見た植物の様子とか、朝、庭をひと巡りして、ふと目に入ってきた花の色とか、その香りとか。初めて海外に出掛けたころでもあったから、そこで見聞きした食の数々にも影響されたかな。

永易　製菓を専門に学んできた私にとっては、カフェで働く日々の中で、それまでは経験しなかったようなことも、すごくたくさんできるようになりました。毎日味の違うドレッシングをつくれるようになったし、鮭をまるごと一本さばけるようにもなったし。カフェでは「お皿の上には食べられるものしかおかない」と決めていたこともあって、ハーブはもちろん植物全般の扱い方も学びました。実家ではもみじや南天など、和の植物でお皿を飾ることが多かったけれど、エリ子さんの植物の使い方はもっと洋風で、ぶどうの葉をウオツカで拭いてその上にマリネをのせるとか、栗の葉でクリームチーズを包むとか。「ゼラニウムの葉の裏

をバターにつけて香りだけを移す」なんて、魔法みたいなレシピを教わったときの感動もよく覚えています。

萩尾 それは、実はヨーロッパでは一般的な伝統料理のレシピなのね。油溶性の香りを活かすところなんかは、アロマテラピーにも通じる考え方ね。

永易 生のハーブ、フレッシュハーブとの付き合い方を学んだのも、とても大きかったですね。あるとき、エリ子さんがレッスンで使うハーブティーのために、フレッシュハーブを用意することになって。スタッフのひとりがよかれと思って、そのハーブを前もって洗っておいたんです。ところが、使おうと思ったら全部黒くしおれていて、香りもすっかり飛んでしまって。

萩尾 摘み取った瞬間から、植物の生命はどんどん失われてしまう。ハーブという「生きもの」の香りは慎重に準備するよりも、使うその瞬間すぐに走って摘んでくる、くらいの素早い判断がないとうまく扱えないのね。ちょっと似た話で、最近のレッスンで花束をつくるとき、皆さんにまずお伝えするのは、「植物たちが、摘まれたことに気づかないように摘みましょう」ということ。氷水の入ったコップを片手に持って、鋭いハサミでサッと切ったら、すぐに冷やして植物たちをいちど眠らせてしまうのが、長持ちする花束をつくる大切なコツなんです。

永易 そういえば、サラダをつくるときに「乙女の指でつくるのよ」って教えてくれましたよね。「乙女の指」ってどんな指？って、きちんと説明できないけれど……。

萩尾 優しく、でも確信を持って触れるのが「乙女の指」。いつまでもいじらないことが大切ね。

永易 だから私は、ハーブを摘むときにも「乙女の指」をよく思い出します。

萩尾 理恵さんは学校でちゃんと習って、きちんとした技術を身につけてきた人だから、カフェで出すスイーツにはプロの「わざ」が活きてた。簡単には真似ができないのよね。

永易 素材の状態を見る目や扱い方なんかは繰り返し身につけてきたので、もう感覚になっていますね。でも、この本ではできるだけ「ここさえ押さえれば、皆さんも美味しくつくれますよ」というポイントはお伝えしているつもりです。

萩尾 そういうところを聞きたくて、あなたと一緒にこの本をつくったのよ。

永易 エリ子さんのつくる飲みものは、私のつくるスイーツとは組み立て方が全然違いますよね。カフェをやっていたころと同じ、自由な発想でできあがってくる感じ。毎日が同じようで違う、あのころを思い出します。

65

太陽の光降るアイスティー

　小学5年生の私の孫は、ジュール・ベルヌの小説『神秘の島』でオスウェゴティー、ベルガモットの花のお茶を知りました。「おばあちゃんの庭に咲いている赤い花だよ」と教えてもらって嬉しそうです。

　この花が咲いたら、まずはお茶にして楽しまなくては。赤いお茶に柑橘類の搾り汁を入れると、鮮やかなオレンジ色に変わります。色水遊びのようでしょう。ベルヌさんは知っていたかしら。お子さんなら目を見張るでしょうし、大人だって大喜びです。

　今日のお茶は茎のところで束ねてお湯を注ぐだけの、茶漉しのいらない簡単ティーです。レモン入りの氷を入れておけば、だんだん色が変わる様子も楽しめます。酸っぱいのが苦手なら楓の蜜やハチミツを入れましょう。降りそそぐお日様を集めたような美しいお茶。誰かと一緒につくりたくなりますよ。

材料（つくりやすい分量）

［ベルガモットティー］
- ベルガモット(茎付きの花)…8本
- 熱湯…300㎖
- メープルシロップまたはハチミツ…適量(好みで)

［レモン水氷(製氷皿1枚分)］
- マイヤーレモン(酸味の少ない品種のレモン)※…1個(氷10～12個分)
- レモンの皮…小さじ1/2

※ふつうのレモンを使用する場合は果汁1/2個分とする。

つくり方

①レモン水氷をつくる。ボウルにレモンを搾り、上からレモンの皮をすり下ろしたら、水適量(分量外)と混ぜて製氷容器にまんべんなく注ぎ、冷凍庫で冷やし固める。

②ベルガモットの束を入れたポットに沸かしたてのお湯を注いでお茶をつくり、よく冷ます。

③グラスに①の氷を入れ、ベルガモットのお茶を注いでできあがり。好みでメープルシロップかハチミツを加える。

想い出の薄桃のジュレ

父方の祖父母はりんご、ぶどう、桃、洋なしなどの果樹を育てる農家でした。中でも桃は「川中島白鳳」という晩夏に出荷される大ぶりの品種で、樹の上で熟れさせるために傷が付きやすく、旬の時期には一部が茶色くなった規格外の桃をたくさん食べさせてくれました。指で皮がむけるほどの完熟なので日持ちしません。そんなとき、母はどんどんコンポートにして、グラナデンシロップを入れた淡いピンク色のゼリーをつくってくれたものです。

　初めてベルガモットの花のお茶を飲んだときに、ふとそのことを思い出しました。桃色のティーをベースにつくったのがこのジュレです。繰り返しつくるうちに、生の桃のほうがベルガモットの香りに合うことや、柔らかく固めると冷たすぎず、食べ心地がよいこともわかりました。

　ベルガモットの花が手に入らないときは、ハイビスカスとレモングラスのハーブティーでつくるのも、夏らしくおすすめです。あなたの想い出のひとつに加えてみて下さい。

材料（4人分）

・桃(熟れたもの)…大玉1個
・レモン…1/2個
・グラニュー糖…大さじ2
・ゼラチン…5g（大さじ1の水でふやかす）
・熱湯…350㎖
・ベルガモットの花…8個（使用直前に、さっと水で洗う）

つくり方

①生のベルガモットの花をポットに入れ、上から熱湯を注いで蓋をし、10分蒸らして濃いハーブティーをつくる。

②①にレモン1/4個分を搾り入れて赤く発色させたら、上からグラニュー糖をふり入れてよく溶かす。

③②を小鍋に移して弱火にかけ、ふやかしておいたゼラチンを入れてよく溶かす。ゼラチンが全体になじんだら香りが飛ばないように蓋をし、氷で冷やして粗熱を取る。

④桃の皮をそっとむき、半月形に切り分けたら残りのレモンの果汁をかける。

⑤③のジュレをガラスのボウルなど好みの容器に移し、上から④の桃を沈めるように加えて冷蔵庫に入れ、冷やし固めたらできあがり。

※桃は空気に触れると茶色く変色するため、なるべく使用直前に皮をむき、すぐにレモン汁をかけましょう。

アメジスト・ウオツカトニック

緑たちはわさわさと繁ってお日様の光は強くて、毎日忙しくて少し疲れたころ、このカクテルをつくりました。いただいたバタフライピーは、タイなどの暑い国に育つ、つる性のハーブです。現地の暮らしになじんだこの植物は、アントシアニンという色素を含む花をお茶として楽しむことが多いようです。

　今日は庭の緑のハーブに、バタフライピーの花を浸して色を出したウオツカをひと垂らし、トニックウォーターで割りましょう。甘みのない、さっぱりとした味わいの一杯になりました。水色は透きとおった紫水晶のようです。地元の市場で見つけたラグビーボールのようなきゅうりを入れれば、液体の中でくるりと廻って愛らしい。

　こんなに美しくて魅力的な飲みものなら、きっと子供たちもほしくなります。ウオツカの代わりにメープルシロップを入れて、少しの甘みを足しましょう。夏休みの昼下がり、大人と並んで楽しむのはいかがですか。紫色が、瞳をとおして身体を抜けて、静かに元気をくれるでしょう。

材料（つくりやすい分量）

- ウオツカ…30㎖
- バタフライピーの花…6個
- レモンバジル…1枚
- スイートバジル…1枚
- レモングラス…1〜2本
- レモンの葉付きの枝…1本
- マイクロきゅうり(きゅうりメロン)…1個
- トニックウォーター…100〜150㎖

つくリ方

① ウオツカにバタフライピーの花を浸す。色が着いたら花を取り除く。

② ①の液体を5㎖だけグラスに移し、ハーブ、マイクロきゅうりを入れて軽く混ぜる。氷は好みで入れる。

③ トニックウォーターを注いでできあがり。

> ノンアルコールでつくりたい場合は、ウオツカの代わりにバタフライピーのハーブティーを使います。濃いめに出したいので、花6個に100㎖の熱湯が目安です。よく冷まして使います。お茶の量、甘みをつけるメープルシロップとトニックウォーターの割合は、色合いと味のバランスをみてお好みで調節して下さい。

エレガントなモーブ色のムース

　夏も終わりに近づくころ、旬の走りのぶどうをジュースにして、このムースをつくりました。マローブルーの花とレモンバーベナをぶどうと一緒に楽しめるのは、ここ蓼科ではほんのわずかな期間です。ここは贅沢に全部使ってしまいましょう。

　マローブルーは、おもに色を楽しむハーブと思われがちですが、他のハーブや果物とブレンドすると、味と香りの余韻が長く続くようになります。これは花びらに含まれる粘液成分のおかげです。レモンバーベナは爽やかな香りで甘さを引きしめてくれます。

　市販のぶどうジュースでも美味しくつくれますから、今日はそちらをご紹介します。生のぶどうを使う場合は、実を房から外して半分に切り、凍らせたものを蓋付きの小鍋で弱火で煮て、ザルで漉して皮と種を除くとよいでしょう。

　一年にいちど、この季節だけの特別なデザートです。ぶどうのふくよかな味だけでなく、ワイングラスに映える高貴な色合いも眺めて楽しみましょう。

材料（200mlのワイングラス 2個分）

- ぶどうジュース…150ml
- 水…40ml
- レモンバーベナの葉（フレッシュ）…6枚
- マローブルーの花…6個
- レモン汁…小さじ1
- ゼラチン…5g
- ハチミツ…15g
- 生クリーム…100ml
- 砂糖…5g

下準備

- ゼラチンは大さじ1の水でふやかしておく。

つくり方

① 小鍋に水とぶどうジュースを入れて火にかけ、沸騰直前まで温めてから火を止める。2種のハーブを入れて蓋をし、10分ほどおいて香りを移す。

② ①のハーブを取り除き、ふやかしたゼラチンを加えたら弱火にかけて溶かす。ボウルに移し、レモン汁を加え混ぜ、底を氷水に当てる。粗熱が取れたらハチミツを入れ、よく混ぜて溶かし、まんべんなくとろみがつくようときどき混ぜながらさらに冷やしていく。

③ 別のボウルに生クリームと砂糖を入れ、ゆるく角が立つ程度に七分立てに泡立てる。3回に分けて②に加え、ムラなく混ぜる。

④ ③をグラスに2等分して入れ、冷蔵庫で2時間以上冷やし固めてできあがり。好みで上にレモンバーベナの葉（分量外）を飾っても。

ほろ酔い三重奏

　庭の植物たちが青々とつややかに育っています。こんな穏やかで気候のよい日は、テーブルに爽やかなカクテルを並べたくなりました。ローズ・スイートブライヤーの葉は青りんごのような香りを漂わせ、ミントたちは超元気。アカツメクサの花もまだ咲いています。今日は、どの飲みものもアルコール入りにしましょう。

　お客様にもスタッフにも味見させてあげたいな。ちょっと舐める程度にね。バッカスが舞い降りるほどではないけれど、その弟子の弟子くらいならやってきそうです。

●青い香りのバラの葉ワイン (写真左)

材料 (1杯分)

- 白ワイン…200㎖　・マスカットの皮をむいたもの…4〜5粒
- ローズ(スイートブライヤー)の葉付き小枝…1本

つくり方

よく冷やしたグラスにローズの小枝とマスカットを入れ、白ワインを注ぐだけです。

●花束スパークリング (写真中)

材料 (1杯分)

- フレッシュハーブ(スイートシスリーの青い実、スイートウッドラフ、ペパーミント、レモンバーム、ブラックカラントの葉、ジュニパーベリーなど)…適量
- きゅうり…1/4本(縦切りに)
- 砕いた氷…適量　・スパークリングワイン…250㎖

※アルコール抜きの場合は、トニックウォーター、サイダー、炭酸水など、気泡のあるものを使うとよいでしょう。

つくり方

① よく冷やしたグラスにさっと洗ったハーブを重ねて入れ、氷を加えてスパークリングワインを注ぐ。

② ステア(かき混ぜ)と、青い香りを加えるため、きゅうりのスティックを入れてかき混ぜる(後で食べる)。

●いつものミントジュレップ (写真右)

材料 (1杯分)

- バーボンウィスキー…40㎖　・炭酸水…30㎖
- レモン…くし形切りにして1/8個　・粉砂糖…適量
- 砕いた氷…適量(グラスいっぱい)　・ミントの枝付き若葉…5〜6本

つくり方

① 氷をグラスいっぱいに入れ、ミントの葉を1本残して押しこむように加える。

② バーボンウィスキーを加え、マドラーかスプーンでミントの葉をつぶし、葉を傷つけて香りを出す。

③ 皿に粉砂糖を広げる。レモンをミントの枝にこすりつけたら、枝を粉砂糖の上をころがし、レモンの水分を利用して粉砂糖をまぶす。飲むときに好みでミントにまぶされた粉砂糖を落としてかき混ぜる。マドラーでミントをつぶしながら、召し上がれ。

おとぎ話入りのスコーン

　子供のころ、家から少し離れた場所の家庭菜園で、トウモロコシを育てていました。そろそろ収穫と家族で畑に行くと、なんだかいつもと様子が違います。よく見ると、畝には大小のまあるい凹み。それはクマの親子が座ったお尻の跡で、まわりには器用に皮をむいて真ん中だけをぐるりとかじった、トウモロコシの食べ残しが散らばっていました。

　森との境目にある菜園なので、親子はトウモロコシが大きくなるのを今か今かと楽しみにしていたのでしょう。私たちはがっかりでしたが、後で聞いたらそこはクマが出るので有名な地区でした。今でもトウモロコシ畑を見るとそのときのことを思い出しますが、不思議と怖くありません。きっと食いしん坊のクマ親子だったんだろうなと微笑ましく思います。

　今日は、そんなおとぎ話のようなできごとが詰まった、おやつにも食事にもなるスコーンをつくりましょう。生地が柔らかいので、スプーンですくって天板に落とし、オーブンに入れて焼く、気軽につくれるドロップタイプです。旬の時期に、たくさん茹でたトウモロコシを芯からはずして冷凍しておけば、食べたいときにさっとつくれます。

　トウモロコシの甘さとプリッとした舌触りを活かしたこのスコーン、食べたらあのクマ親子も喜んだでしょうか。

材料（12個分）

・バター…40g

・茹でたトウモロコシの粒…80g ※50gと30gに分けておく

（A）・薄力粉…160g
　　　・ベーキングパウダー…小さじ1/2
　　　・塩…ひとつまみ
　　　・砂糖…25g
　　　・オレガノ（ドライ）…小さじ1/2（フレッシュなら葉を10枚）

（B）・卵…1個
　　　・牛乳…50㎖

下準備

・卵を溶いて牛乳と混ぜ、大さじ1杯分だけ取り分けておく。

・オーブンを180℃に予熱しておく。

つくり方

① Aをフードプロセッサーに入れ、数秒を何回か回して全体を混ぜる。2cm角に刻んだバターを加え、生地がサラサラになるまでさらに回す。

② ①にトウモロコシ50g分を入れ、粒が刻まれて生地になじむまで回す。

③ ボウルに②を入れ、残りのトウモロコシ30gと、混ぜ合わせたBを大さじ1だけ残してすべて入れ、粉っぽさがなくなるまで混ぜる。

④ ③を12等分し、スプーンですくってオーブンシートを敷いた天板に間を5cm以上開けて落とす。

⑤ ④の生地の表面に残しておいたBを塗り、180℃のオーブンで23分焼いてできあがり。

緑のくすり水

今日も疲れた！そんなときに飲む、青い香りを集めた美しい「おくすり」をどうぞ。なんだかしょんぼりしているときにこそおすすめです。
　主役はシャルトリューズ。何十種類もの薬草やスパイスから生まれた、修道院秘伝の甘いリキュールです。このまま飲むにはなかなか強いお酒なので、今日は炭酸水で割りました。一緒に入れた果物も野菜も、みんな青い味。中身もしゃりしゃりと食べれば、瑞々しいお肌のためのサラダにもなります。
　こうすれば、薬草の匂いもよい塩梅。楽しみながら飲んで下さい。灰色のフードに長いスカートの年を重ねた修道女があなたを薬草園に招いて、「きっと大丈夫よ」と背中をとんとんとしてくれるはずです。さて、このおくすりの効き目やいかに。

材料（1杯分）
・グリーンシャルトリューズ…5㎖
・ひめりんご（青・赤）…各1個
・青いミニトマト…1〜2個
・きゅうり…1/4本
・庭のミント…ひと枝
・炭酸水…100〜150㎖
・砕いた氷…適量

つくり方
① ひめりんごは薄くスライス、ミニトマトは半分に、きゅうりは縦に切ってスティック状にする。
② グラスに砕いた氷を半分くらいまで入れたら、りんごとトマトを入れる。シャルトリューズと炭酸水を注いで、また氷を足す。
③ きゅうりとミントを飾ってできあがり。

色あふれる秋

雨あがりのテキーラ

雨の降ったあとの庭はさっぱりとして嬉しそうです。ひと息ついた植物たちのように、さあ私もリフレッシュ。身体もすーっと澄んできれいになる、シャワーを浴びるような飲みものをつくりましょう。

　それなら今日はテキーラの気分。有名なカクテル「テキーラ・サンライズ」は昇る太陽の色ですが、こちらは緑の風の色です。レモンバーベナ、きゅうりにすだちなど、青い香りと色がよく似合います。瑞々しい一杯をくーっと飲んだら、さーっと涼風が渡ります。心もつるつるになって、頬はバラ色、生まれ変わったような気分です。

材料（1杯分）

- レモンバーベナの葉…ひと握り
- きゅうり…1本
- すだち（輪切り）…1枚
- テキーラ…30㎖
- 炭酸水…200㎖
- 砕いた氷…適量
- レモンバーベナ（葉付きの枝）…1本

つくり方

① きゅうりは2/3をすり下ろして、残りを薄い輪切りにする。

② レモンバーベナの葉、すだち、①のすり下ろしと薄切りのきゅうり、砕いた氷をグラスに入れ、上からテキーラと炭酸水を注ぐ。レモンバーベナの枝を差してできあがり。

秋の夜長のチーズケーキ

　朝夕の空気がひんやりとして、どこからともなく枯れ葉の甘い匂いが漂うころ。夕暮れから夜への時間に、白ワインとともに味わうチーズケーキをつくります。洋なしはちょっと気難しい果物です。太った猫の後ろ姿のような果実を触ったり、匂いを嗅いでみたり、食べごろを見極めようと様子を見て、うまくタイミングが合ったときはとても嬉しくなります。ねっとりした質感の果肉には、レモンバームのデリケートな香りと滑らかなチーズがよく合います。

　パウンド型で焼くのがおすすめです。カットがしやすく、断面がモザイク模様になるのもきれいです。洋なしが硬いときには、白ワインで煮て柔らかなコンポートにして使います（コンポートは「銀色三日月ワイン」（P.97）にも登場します）。レモンバームは生地に混ぜる直前に刻みましょう。香りと葉の色がきれいなまま保たれます。

材料（22×8×高さ6cmのパウンド型1本分）

- クリームチーズ…200g
- マスカルポーネチーズ…40g
- 洋なし…1〜2個（皮と種を取り除いて、300〜350g）
- 卵…2個
- 砂糖…80g
- コーンスターチ…35g
- 生クリーム…80㎖
- レモンバーム（フレッシュ）…片手いっぱい

下準備

- クリームチーズは室温におき、柔らかくしておく。
- 洋なしは2cm角に切っておく。
- 型に合わせてオーブンシートをカットし、敷いておく。
- オーブンを210℃に予熱しておく。

作り方

① ボウルにクリームチーズとマスカルポーネチーズを入れ、硬さが均一になるまで電動ホイッパーで混ぜる。砂糖を加えてさらに滑らかになるまで混ぜる。

② 溶きほぐした卵を少量ずつ入れて混ぜ、さらに生クリームを加えて電動ホイッパーで混ぜる。滑らかになったらレモンバームを刻んで洋なしとともに加え、上からコーンスターチをふるい入れてゴムべらでよく混ぜる。

③ パウンド型に②の生地を入れ、210℃に予熱したオーブンで20分、その後160℃に下げて25〜30分焼く。

④ ③をオーブンから取り出し、型のまましばらくおいて粗熱を取ったら、型に入れたまま冷蔵庫に入れる。ひと晩よく冷やし、切り分けていただく。

● **洋なしのワインコンポート**

材料（つくりやすい分量）

- 白ワイン…400㎖　・水…400㎖　・グラニュー糖…50g　・洋なし…2個

つくり方

① 洋なしは皮と種を除き、くし形に切る。

② 鍋にすべての材料を入れ、弱火で20分煮て火を止め、蓋をしてそのまま冷やす。

保存期間：冷蔵庫で約2週間

自由で美味しいショートブレッド

　ショートブレッドは焼き菓子の中でも特にシンプルな素材でつくれるお菓子です。面白いのは、材料のバランスは同じまま、中に入れるハーブや砂糖の種類を変えるだけで、味も見た目もさまざまなアレンジが楽しめること。新茶と和三盆糖、シナモンパウダーとグラニュー糖、コーヒー粉とマスコバト糖など、たくさんの組み合わせが思いつきます。今日は、ローズとグラニュー糖、カルダモンと黒砂糖の2種類にしてみました。

　ローズの香りはお好きですか。「きれいなバラには棘がある」の言葉のせいで、ちょっと気後れする方もいるようですが、本物の薬用バラ（ガリカローズ）の香りには優雅な甘さだけでなく、少し渋いような力強さもあります。温かな心の友人のように、心も身体も元気づけてくれるでしょう。このショートブレッドは、口に入れる前からローズとバターが芳しく、頬張ればサクサクのほろほろ。記憶に残る香りと味です。いちどこのお菓子を食べたことのある人は、2度目以降は「これ、これ！」と頷きながらかみ締めてくれます。

　カルダモンと黒砂糖の組み合わせを思いついたのは、奄美大島のお土産にとても美味しい黒砂糖とお塩をいただいたときです。カルダモンがきりりと爽やかに香って大正解でした。

　ショートブレッドは慣れれば誰でも迷いなくつくれます。サクサクの歯応えのコツは、手早く作業すること。そして、すべての材料と使う道具をよく冷やしておくこと。オーブンに入れてからはその香りが部屋中に満ちて、きっとつくる人も幸せになります。

●ローズのショートブレッド (写真左)

材料（つくりやすい分量）

- 発酵バター（食塩不使用）…80g
- グラニュー糖…50g
- (A)・米粉…40g　・薄力粉…110g　・塩…3g　・レッドローズ（ドライ）…3g

下準備

- 発酵バターを2～3cm角に切り、冷蔵庫で冷やしておく。
- レッドローズはミルサーでパウダー状に挽いておく。

●カルダモンのショートブレッド (写真右)

材料（つくりやすい分量）

- 発酵バター（食塩不使用）…80g
- 黒砂糖…50g
- (A)・米粉…40g　・薄力粉…110g　・塩…3g　・カルダモンパウダー…3g

下準備

- バターを2～3cm角に切り、冷蔵庫で冷やしておく。
- 黒砂糖に大きな塊があれば、フードプロセッサーにかけやすいようつぶしておく。

つくり方

① フードプロセッサーにAを入れて、ザーッと10秒ほどかけてまんべんなく混ぜる。

② ①に、小さく切った冷たいバターを全体に散らして入れ、最初は3秒ずつくらいを5回回して、粉とバターをなじませる。その後続けて10秒回し、バターと粉をよく混ぜる。

③ ②に砂糖を加え、3秒×6回繰り返し回す。最後は生地がポロリとまとまるまで、10秒を4回程度回す。

④ 生地がポロリとした状態で取り出し、18×27cmのポリ袋に入れて袋が正四角形になるよう上をたたみ、めん棒でプレスしながら平らにのばす。

⑤ 5mm厚さ程度まで平らにのばしたら、1時間ほど冷蔵庫に入れて生地を休ませる。

⑥ オーブンを160℃に予熱する。

⑦ 冷蔵庫から⑤を取り出し、袋の2辺をハサミで切って開く。フォークで生地全体に穴を開け、好みの形に切るか型抜きしてオーブンシートに並べ、160℃のオーブンで25分焼く。

⑧ 焼き上がったら天板の上でそのまま冷やす。粗熱が取れたら網の上に取り出して完全に冷ましてできあがり。

風光茶話 3
持ちものは少なく

もういちど小屋から

永易　私、カフェのときのレシピをまだ大事にとってあるんです。このあいだ見返してみたらダンボールの切れ端なんかに書いてあって、とりあえず近くにあるものに書いたんだなって。あのころの忙しさが偲ばれました。

萩尾　大変なことばかりだったけど、やりたい放題、そのときにやりたかったことは全部やれたかもしれない。そういえば、「そばサラダ」なんか人気だったよね。

永易　ありましたね、そばのサラダ。冷製パスタみたいな感じで、彩り豊かに香味野菜をたっぷり入れて、松の実やカシューナッツも散らしました。ドレッシングには大豆を香ばしく煎って、ナッツ風味のコクを出したり。お醤油ベースのドレッシングでしたね。とても美味しかったです。

萩尾　ドレッシングといえば結構メープルシロップを使ったものが多かったかな。メープルシロップの美味しいのがあったから、もうタンクで買ってきて。

永易　今はこの辺りにもスーパーマーケットがたくさんあるけど、そのころはそんなになくて。でも、ないほうが色々と工夫して考えるじゃないですか。限られた素材の中で、今日は揚げる、今日は蒸すとか、エリ子さんには少ないからこそ活かす知恵がありました。

萩尾　あのワイルドデイジーカフェのキッチンは、その場その場で対応しないといけない、ライブの場でしたね。その日に出会う材料と、自分の中の想像力を組み合わせる瞬発力というか、よい訓練にはなったかな。だから、この本で取り上げた飲みものはみんな、季節ごとにライブから生まれたものばかりなんです。

永易　蓼科に来てからは、私はお菓子の世界だけじゃない、色々なものに出会う機会をいただいて。知識だけじゃない、季節の素材とアイデアを「繋げる力」をもらいました。

萩尾　四季をつうじて、日々こつこつと手を動かして働いて考えて。そうやって学んだからね。

永易　エリ子さんがアロマテラピーを本格的に始めたのもこのころでした。新たに勉強も必要だし、精油も品質のよいものを扱いたいからといつも動き回っていて、ほんとうに忙しそうだったのを覚えています。

萩尾　初めて精油というものに出会ったとき、「これはスピリッツ（蒸留酒）だ」って感動したの。若いころ、お酒の勉強をして「醸造」と「蒸留」があると知って。蒸留って、錬金術師の技のような世界。昇華して昇華して、本当にそこだけの純粋でクリアーな、人の手を使いながらも植物の存在を借りて、人智を超える力を持っているもの。ああ、この一滴はなんてすごいんだろう、面白いなって思ったのね。

永易　お酒の世界とハーブの世界が、また別のところで繋がった感じですね。

萩尾　初めて西洋薬草に触れたときと同じぐらい楽しかった。人にもその面白さを伝えたかったから、教室も始めてね。ところがあるとき、色々な事情で大きなショップもカフェも閉じることになりました。

永易　始めてから8年弱、私はそのうちの4年少しをこのキッチンで過ごしました。ハーブを料理やお菓子にきちんと活かせるようになったのも、その毎日のおかげですね。

レッスンのティータイム

萩尾　もともと始めたときのお店、あの小屋がそのままだったんですよ。大家さんが手もつけず、人にも貸さないでそのままにしてくれていてね。

永易　すぐそばだからときどきとおりがかるんですけど、前はここで営業していたんだよって聞いていて。ガラス窓ごしにハーブの瓶とかが、そのまま残っているのが見えたんです。ここでまた始めるって聞いて、小屋っていうのも好きだから、中に入っていいんですか、嬉しい！みたいな喜びがありました。

萩尾　飲食の営業ができるかどうかもわからないのに、理恵さんはついてきてくれて。

永易　見えるところだけで「あれがない、これがない」って言っていても、ないものねだりになってしまうけれど、自分の持っているもの、してきたことの中にも差し出せるものがたくさんあって。そこに気づけたら、日々の営みはもっと磨けるし、もっと輝くからって思ったんです。

萩尾　最初はカフェも再開しようと思っていたから、新しく小さなキッチンをつくってね。でも、どうしたって狭いから、飲食スペースと商品をおく場所は取り合いになるでしょう。

永易　ほんとうに狭いから、食材をおく場所だけじゃなくて調理器具も限られてしまうんです。色々と考えて試してはみたんですが。

萩尾　そんな中で、お客様の少ない冬はどんなふうにやっていこうかという話になって。とても寒いし、なにより雪も多いから、工夫しないとなかなか足を運んでいただけないからね。おかげさまで、私は教えることがだんだん面白くなってきたし、喜んでいただけることもわかってきたから、冬の特別なレッスンを開くことにしました。いくつもテーマを決めて、それぞれに扱う話題に特徴を持たせて、講座が終わる時間にはお茶とお菓子を出せたらいいよねって。

永易　小さな店になってから、私もアロマテラピーをきちんと学びました。精油のこともよく理解できるようになったし、それを料理やお菓子に活かす技術も身につきました。それで、そのときごとのレッスンのテーマに関係するハーブをはじめ、精油やハーブウォーター、植物油なんかをお菓子に織りこむようにしてつくるようになりましたね。

萩尾　そうね。この間のレッスンではスパイスがテーマで。

永易　クローブ（丁字）を使いました。プラムのコンポートを使ったお菓子をお出ししたんですが、コンポートをつくるときにクローブをひと粒だけ入れると、とても甘やかになって香りが引き立つんです。クローブには「オイゲノール」というバニラエッセンスの材料にも含まれる成分が入っていて、まさにアロマテラピーの話と繋がるんです。

萩尾　ここが面白いところね。その上、ご案内で「おやつの時間がありますよ」って伝えてあるのに思いがけず美味しいものが出てくるものだから、皆さんとても驚いて、すごく喜んで下さってね。

永易　そうなんです。レッスンの終盤がティータイムなんですけど、そこからさらに緊張がほどけて話が弾んでしまうぐらい。私からも「このレシピは、皆さんが今勉強したものを美味しく取り入れられるように、こんな工夫をしました」とか、学んだことからもう一歩世界を拡げて、実践に繋がるようなことをお伝えしていますね。

萩尾　そうするとまた輪をかけて楽しくなって、ハーブやアロマテラピーが身近になるの。

永易　でも、実はここでつくれるものには限界もあって。たとえば、レッスンのお菓子に氷菓子が登場しないのは、単純に狭くて冷凍庫がおけないからなんですよね。

萩尾　すべてが完璧でなくても、こんなに豊かなお菓子が生まれる。私もレッスンに参加する皆さんと一緒にいただくけど、いつも嬉しくなる時間よ。

永易　私にとっても、つくることの楽しさを改めて感じさせてくれます。仕事だからこれをしなきゃ、というよりも、こんなふうにしたら喜んでもらえるかなって考えるようになりました。その感覚は頭に残るというより、何というか身体に残るんですね。

萩尾　美味しいお菓子や飲みものって、もれなくきげんをよくしてくれますね。召し上がる方はもちろん、お出しする側も「ああ、美味しい！」って言ってもらえたら間違いなくきげんがよくなる。

永易　広いカフェで、毎日違うお客様に次々と提供していたころは、食べていただく喜びは間違いなくあったんですけど、一方でどこか、少しがんばって、自分をもぎ取って与えているようなところもあったかもしれません。召し上がっていただく方はあのころよりずっと少ないけれど、今はその人の顔や気持ちがもっとよく見えるから、私がつくるものは全部、自分の中から相手に向けて自然に発せられるものになった気がします。

萩尾　そうね。目に見える範囲で、目の前の人を大切にして、きげんよくいること。そうしたら、もっと広い世界のことを気にかける想像力も持てるようになるんじゃないかなと思います。

満月のプリン

　この辺りでカボチャが旬を迎えるのは晩秋のころ。季節のお便りを出すように私が毎年つくってきた、まんまる大きな満月色のプリンです。嬉しいことに、紅葉が始まるとリクエストしてもらえるほど人気です。シナモンもカボチャも滋養を与えてくれる食材ですから、少し肌寒くなってきた季節に身体を内側から温めてくれます。
　火をとおすときに牛乳を使うと水っぽくならず、プリンの仕上がりがこっくりと美味しくなります。焦がしたくなかったら、電子レンジを使うのもいいでしょう。大きな型でつくるので、お皿に移すときは度胸試しのような気持ちで大胆にひっくり返します。
　テーブルに運ぶと、その美しい姿に必ず歓声があがります。食べ始めれば、キャラメルソースをひと匙も残すまいとスプーンをカチャカチャとさせる音が聞こえてきて、とても幸せな気持ちになるのです。

材料（直径21cm×深さ5cmの耐熱の丸型ひとつ分）

(A) キャラメルソース
　　・グラニュー糖…50g　・水…大さじ1　・熱湯…大さじ1
(B)・カボチャ…中玉約1/2個（皮と種を除き400g）
　　・シナモンスティック…1本
　　・牛乳…450㎖（200㎖と250㎖に分けておく）
　　・砂糖…50g　・ラム酒…小さじ2
(C)・卵…4個　・卵黄…1個分　・砂糖…50g

つくり方

①キャラメルソースをつくる。小鍋にグラニュー糖と水を入れ、強火で熱する。全体に焦茶色になりよい香りが立ってきたら、火傷に気をつけながら熱湯を入れる。火を止め、鍋を回して、滑らかなキャラメルソースになったら熱いうちに型に流し入れる。

②カボチャは約3㎜の薄切りにし、シナモンスティック1本とともに鍋に入れる。上から牛乳200㎖を注ぎ入れて蓋をし、弱火で竹串がとおるまで蒸し煮にする。電子レンジの場合は耐熱容器に入れて600Wで7分から10分、竹串がとおるか様子を見ながら加熱する。

③②からシナモンスティックを取り除き（取り出したシナモンスティックは洗っておく）、裏漉ししてペースト状にする（フードプロセッサーでペーストにしてもよい）。ペーストになったカボチャをボウルに移し、残りの牛乳とラム酒、砂糖を入れてよく混ぜる。

④Cを大きなボウルで溶きほぐし、③を3～4回に分けて加えて滑らかに混ぜ、ざるで漉してプディング液をつくる。

⑤①の型に④をレードルで静かに流し入れる。天板に深めのバットをおき、中央にプディング液を注いだ型をのせたらバットに40℃くらいのお湯を型の半分までの高さに張り、湯の中に③のシナモンスティックを浮かべて160℃に予熱したオーブンで50分間、シナモンの香りの湯せん焼きにする。中央をそっと押して、弾力があれば焼きあがり。

⑥粗熱を取ってから冷蔵庫でひと晩冷やし、型の周囲を底までナイフで一周して、型と生地の間に空気を入れて大皿で蓋をして天地を返す。

※型はガラス製よりもステンレス製の方が熱伝導がよくおすすめです。

ほろ苦いスプリッツァー

裏口に繁るホップは緑のカーテン。爽やかな青い香りを運びます。花にも実にも見えるふっくらとした苞が、この夏もたくさんつきました。まずは刈り取って天井に吊します。リースや匂い袋など、楽しみ方はたくさんあるけれど、この青さはお茶にしてみたい。でも、普通に入れたら苦すぎて、胃腸を健やかにしてくれるというけれど、その前に顔がゆがみます。

　そこで、まるまるとしたぶどうと白ワインの助けを借りてスプリッツァーにしてみたら、なかなか渋い大人のカクテルになりました。苦みは残りますが渋いというほどではないし、きっとお疲れの身体が目を醒ますにはちょうどよい味わいです。甘いほうがお好みでしたら、ぶどうをつぶしながら召し上がるのもよいでしょう。

　スプリッツァーはふつう、ワインと炭酸水を半々でつくりますが、今日はワインとお茶で半分、残りを炭酸水にしてみました。ホップ万歳！レシピがひとつ増えました。

材料（1杯分）

・ホップの苞…5粒
・熱湯…150㎖
・ぶどう(緑系、紫系)…各2粒
・白ワイン…50㎖
・炭酸水…100㎖

つくり方

①蓋付きのポットにホップの苞を入れ、熱湯を注いでお茶をつくる。3分ほどおいたら苞を取り除き、冷ましておく。

②ぶどうの皮をむいて半分に切り、グラスに入れる。

③②にホップのお茶50㎖、白ワイン、炭酸水を注げばできあがり。好みでお茶に使ったホップを飾りにしても。

元気になった焼きりんご

　信州は言わずと知れたりんごの産地。旬を迎えると産直市場には次々といろいろな品種が並ぶので、つい買いこんでしまいます。私の特技は、ひと目見るだけで美味しいりんごを見分けることですが、あっという間に食べごろが過ぎてボケて※しまうタイプにあたることがあります。そんなときは、さっとつくれるこの焼きりんごレシピがおすすめです。

　りんご丸ごと一個に火をとおすのは少々時間がかかりますが、皮をぐるりとむいてスライスすれば、ずっと早くつくれます。酸っぱい品種なら、ローストポークの付け合わせにしても美味しいです。

　肌寒くなったこの季節、焼き芋もいいけれど、あつあつのりんごの美味しさもぜひ気軽に楽しんで下さい。シナモンと一緒なら、なんだか元気が湧いてきます。

※ボケる…このあたりの言い方で、りんごの実が熟しすぎて柔らかくなり、味がぼんやりとすること。

材料（つくりやすい分量）
- りんご…4個
- バター…50g
- 砂糖…30g
- シナモンスティック…4本

下準備
- オーブンを180℃に予熱しておく。

つくり方

① りんごの芯をくり抜き、らせん状に皮をむいたら、1.5cm厚さ（5〜6枚）の輪切りにする。

② バターと砂糖を練り合わせたものを、りんごの芯に詰めて、シナモンスティックを差す。

③ 180℃のオーブンで20分程度、竹串がとおるまで焼いたらできあがり。

※使用したシナモンスティックは、よく洗って干せばチャイに再利用できます。

銀色三日月ワイン

　洋なしのコンポートをひと切れ、白ワインにぽとりと浮かべれば、そこに月が昇ります。光はとろりと甘くて静かです。グラスを揺すれば光も揺れて、寄り添うローズマリーがすーっと香る。私の心にも白い月の光が降りました。

材料（1杯分）
・洋なしのワインコンポート(P.85)…1/8切れ
・洋なしのワインコンポート(P.85)のシロップ…60mℓ
・青いレモンの皮…10cm長さほど
・ローズマリーの先端約5cm…1本
・白ワイン…60mℓ

つくり方
レモンの皮を、グラスの内周ひと回りするぐらいの長さにリボン状に切ったら、洋なしのワインコンポートとローズマリーとともにグラスに入れて、シロップと60℃程度に温めた白ワインを注いでできあがり。

風のチェイサー

テレビであるドキュメンタリーを観てから、スコットランドのアイラ島は私の憧れの地になりました。年を重ねた姉妹の営むバーに集うのは、これまたなかなかのお年寄りばかり。つまみもなしで、ウィスキーのストレートをくいっと飲んでいる姿があまりにも格好よかった。

　この島の酒はシングルモルト。ピート臭が強くてくせがありますが、私には土の香りがするようで美味しく感じられます。カーッとなるくらい強いので、お供には水よりも瑞々しいチェイサーを工夫しました。火の酒とこのチェイサーを交互に味わえば、遙かな島が生き生きと現れるようです。

材料（1杯分）

- りんご…1/4個
- イタリアンパセリ…7本
- 青いレモン（8等分のくし型切り）…1切れ
- 水…150㎖

つくり方

① りんごを皮ごとすり下ろす。

② イタリアンパセリ6本を束ねて、残りの1本で結びまとめる。

③ りんごとイタリアンパセリ、青いレモンをグラスに入れ、水を注いでできあがり。

森のクルミ好き

　庭の木の上から「シャシャシャッ、ジュジュジューー」と、不思議な音が聞こえてきました。リスがクルミをかじる音です。イメージとは違って、実際には「カリカリ」と聞こえないものです。口にくわえたまま、軽やかに木の間を駆けて行きました。食べきれない分を大切そうに木の根もとに埋めて貯めこむ姿を見ると、思わず「私たちもクルミが大好きなのよ！」と、仲間意識が芽生えてしまいます。

　信州は豊かなクルミの産地でもあります。今日は、その新鮮な甘みを大切にしたおやつにしてみました。お茶やコーヒーにも合うので、プレゼントにしても喜ばれます。酸化しやすいので、少しずつつくって早めにいただきましょう。リスたちのように眺めのよい木の上で食べたら、さぞ美味しいでしょうね。

材料（つくりやすい分量）

・クルミ…50g
・メープルシロップ…100㎖
・バター…小さじ2

つくり方

①120℃のオーブンでクルミを10分ローストし、ふるいにかけて薄皮を落とす。

②フライパンにメープルシロップを入れて中火にかける。

③大きな泡が立ってきたら①を一気に加え、木べらで底からすくいあげるように混ぜて糖化させる。

④糖分が固まりパラパラになってきたらバターを入れて溶かし、全体になじませる。オーブンシートに広げてくっつかないように冷ましたらできあがり。

※すぐに食べない場合は、冷ましてから清潔な密封瓶に入れておくこと。

保存期間：常温で約1週間

落葉の似合うクラムケーキ

そろそろ温かいものが食べたくなるころ、ひらひらと舞い散る落ち葉の中でどうぞ。クラムケーキはとても簡単なので、急に食べたくなってもすぐにつくれます。
　焼き上がりの香ばしい色合いは、秋の景色のよう。冷ましてからでも美味しいですが、できたてをスプーンですくってグラタンのようにフーフーと吹きながら食べるのがいちばんです。こんなふうに大きなお皿にたっぷりつくって、食べたいだけざっくり取り分けましょう。秋の日のあつあつおやつは、きっとコートやマフラーよりも温まります。

材料（20×12×深さ4cmの 耐熱皿1枚分）

・洋なし（大玉、よく熟したもの）…1個

［フィリング］
　・卵…1個　・砂糖…20g　・生クリーム…100㎖
　・牛乳…100㎖　・ラム酒…大さじ1

［クラム］
　・薄力粉…70g　・砂糖…30g
　・バター（食塩不使用）…40g（冷蔵庫から出してすぐの冷たくて固いもの）

下準備
・バターは冷蔵庫でよく冷やしておく。
・型にバター（分量外）をまんべんなく塗っておく。
・オーブンを170℃に予熱しておく。

つくり方

①耐熱容器に5㎜厚さのいちょう切りにした洋なしを並べる。

②ボウルにフィリングの材料を入れ、泡立て器でよく混ぜる。

③別のボウルにクラムの材料を入れ、バターを指先でつぶすように粉と混ぜて、ポロポロにする（フードプロセッサーで混ぜると簡単です）。

④①の器に②のフィリングを入れ、その上に③のクラムをパラパラと全体にのせて、170℃のオーブンで40〜45分焼いたらできあがり。

※焼く前のクラムは冷凍保存できるので、多めにつくって冷凍しておくと便利です。

りんごのブランケットパイ

　森の木の葉もすっかり落ちて冷たい風が吹いて、眠るときにもう一枚毛布が欲しくなりました。そんなとき、おやすみ前にこんな香りのブランケットを用意したら、きっと幸せな夢が見られます。今日はハチミツとマスカルポーネチーズを合わせれば簡単につくれるソースでいただきましょう。

　りんごは品種によって加熱後の食感が違います。このレシピには紅玉がおすすめです。丸ごとをパイ生地で包んでさっくりと焼き上げますが、特別なのは周りにまぶしつけるハーブとスパイス。りんごと同じバラ科のレッドローズに、ハイビスカスの鮮やかな色と酸味、それにシナモンを加えれば、りんごの甘みを引き立ててくれます。

　果肉によく火がとおるよう、りんごの皮はむいてしまいますが、それも無駄にはしません。スパイスをほんの少しとハチミツを加えた赤いドリンク、「ホットアップルエイド」に変身です。果汁のジュースほど甘くない、ちょっと元気が出る飲みものです。スパイスは、クローブなら豊かな風味になるし、オールスパイスなら少しマイルドな味わいになります。お好みで選んで下さい。

材料（3人分）

- 紅玉…小3個
- 冷凍パイシート…1.5枚分
- (A) ・ハイビスカス…5g ・レッドローズ…10g
  ・シナモンスティック…2本（シナモンパウダーならば6g）
- 砂糖…30g
- (B) ・ハチミツ…50g ・マスカルポーネチーズ…100g

下準備

- 紅玉は丸のまま皮をむき、芯を抜く。
- オーブンを200℃に予熱しておく。 ・天板にオーブンシートを敷いておく。

つくり方

①Aをミルサー（なければフードプロセッサー）で粉末にしてボウルに入れ、砂糖を加えて混ぜる。ソース用に大さじ1杯分だけ取り分け、残りは皮をむいたりんごの周りにまんべんなくたっぷりとまぶし、芯をくり抜いた中にも詰める。

②冷凍パイシート1枚を半分にカットし、3枚(1.5枚分)用意したらめん棒でりんご1個が包めるサイズにのばす。

③パイ生地全体にフォークで穴を開け、真ん中にヘタ側を下にしてりんごを1個ずつおいて包む。余分な生地をハサミで切り落としたら、端をつまんで閉じる。閉じ目が下になるように天板にならべてオーブンに入れて40〜50分焼く（30分焼いたところで上下を返して下の面も焼くと、サクサクになります）。

④焼けたらオーブンから取り出し、取り分けておいた①のパウダーとBを混ぜて滑らかなソースをつくり、上からたっぷりとかけてできあがり。

紅玉の皮を活かして
●ホットアップルエイド

材料（つくりやすい分量）

- 紅玉の皮…3個分 ・クローブまたはオールスパイス…1粒
- 水…300㎖ ・ハチミツ…大さじ1

つくり方

①小鍋にハチミツ以外の材料を入れ、沸騰したら弱火にしてコトコトと煮出す。

②紅玉の皮が露出しないようときどき水適量（分量外）を足しながら10分ほど火にかけて止め、茶漉しで漉しながら器に注いでハチミツを加えてできあがり。

※できあがったらその日のうちに飲みきりましょう。

喜び満ちる冬

カラフルなウィークエンド

　ウィークエンドシトロンは、その名のとおり週末に大切な人と食べるお菓子です。あなたと過ごす時間を楽しみにしていました、というメッセージをこめてつくりましょう。

　表面が乾かないよう、砂糖衣（グラス・オ・シトロン）で包まれています。つくってから数日おいて、砂糖衣がしっとりとなじんだら食べごろです。時間をかける楽しみを目でも感じられるように、マローブルーの花びらを散らしておきましょう。砂糖衣に入っているレモン汁の酸で、マローブルーの青い花びらが徐々にマゼンダピンクに変わっていきます。

　柑橘の精油を加えれば、豊かな香りがつくっている人も食べる人も幸せにしてくれます。植物の世界を学ぶ楽しさを感じていただくための、ハーブショップらしいひと工夫。アロマテラピー講座初回のティータイムには、このオレンジとレモンの香りのバターケーキをお出ししています。

材料（8×22×高さ6cmのパウンド型1本分）

- バター…100g（室温に戻しておく）
- 砂糖…80g
- 卵黄…1個分
- 全卵…2個
- 薄力粉…150g
- ベーキングパウダー…小さじ1/2
- スイートオレンジ精油…5滴
- レモン精油…3滴
- レモン汁…15㎖

仕上げ用

［グラス・オ・シトロン（砂糖衣）］・粉糖…50g ・レモン汁…小さじ2
［飾り］・ドライのマローブルーの花びら（ミルなどで細かく挽く）…5g

下準備

・型にオーブンシートを敷いておく。 ・オーブンを170℃に予熱しておく。

つくり方

① ボウルにバターを入れ、ホイッパーでよく練ったら砂糖と合わせて白っぽくなるまでさらに混ぜる。

② ①のボウルの底にぬるま湯を当てて温めながら、分離しないように気をつけて、よく混ぜた卵黄と全卵を4～5回に分けて加える。

③ 合わせた粉類を②にふるい入れ、ゴムべらでさっくりと混ぜたらレモン精油とスイートオレンジ精油、レモン汁を加えてさらに混ぜる。生地にツヤが出たら型に流し入れる。

④ ③を170℃のオーブンに入れ、焼き時間を30分にセットする。最初の10分で一度取り出し、表面に切りこみを入れて表面がきれいに膨らむようにする。

⑤ すぐにオーブンに戻して残り20分焼きあげる。竹串を刺して何もついてこなければ焼きあがり。

⑥ グラス・オ・シトロン(砂糖衣)をつくる。ボウルに粉砂糖をふるい入れ、レモン汁を少しずつ加えてゴムべらでよく混ぜる。

⑦ ⑤の粗熱が取れたら上からしたたるように⑥のグラス・オ・シトロンをかけ、マローブルーパウダーをふりかけておく（しっかりと冷めて食べごろになったころにはマローブルーがピンク色に変わる）。

※すぐに変色させたいときは、マローブルーパウダーの上から少量のレモン汁をふりかけます。

一日のはじまりのお茶

暖房のよく効いた暖かい部屋でも、乾燥したまま過ごすと風邪や流行り病にもかかりやすくなります。そんな季節に「ありがたい」と言ってはスタッフと一緒に飲んでいる、いつもの朝のお茶です。

　主役はルイボスティー。「アフリカン・レッドブッシュ」とも呼ばれる赤いお茶は、カフェインを含まない優しいお茶で、免疫を高める優れものです。ハーブとスパイスの五人衆を従えて、無敵のチームの誕生です。甘みもあって飲みやすく、お腹の調子もよくなって、きっとあなたの毎日にもぴったりです。

材料（つくりやすい分量）

・ルイボスティーの茶葉…5g
・クローブ…5粒
・リコリス…小さじ1
・ジンジャー…小さじ1
・オレンジピール…小さじ2
・シナモンスティック…4〜5cm
・水…800㎖

つくり方

　材料をよく混ぜてブレンド茶にして鍋に入れ、水を加える。火にかけて煮たったら弱火で10分前後煮出す(吹きこぼれないように)。茶漉しで漉しながら茶器に移していただく。

いつでもチャイを

　うちは西洋薬草店ですが、棚には美味しい紅茶も並んでいます。ハーブやスパイスとも仲よしになれるのがチャイのよいところ。小さな鍋さえあれば、コンロがひとつだけのキッチンでも、旅の途中のわずかな焚き火でも、滋養と団らんの時間を与えてくれる飲みものです。そんな風景を思い浮かべながら、いつもチャイをつくってきました。
　少々のペパーミントも隠し味、秋と冬には湯気の立つあつあつのチャイを。春には緑の山と花の香りを加えて、夏にはフレッシュハーブを組み合わせて冷たくします。牛乳が苦手なら豆乳でどうぞ。両手でカップを包みこんで味わえば、この一杯が晴れやかな旅人の気分にしてくれます。

● 秋と冬のチャイ（写真左）

材料（2人分）

- ペパーミント（ドライ）…大さじ1　・カルダモン…3粒　・シナモンスティック…3cm
- クローブ…2粒　・紅茶（なるべく茶葉の細かいもの）…小さじ3
- 水…150㎖　・牛乳…400㎖　・砂糖…大さじ1

つくり方

① 小鍋に水とペパーミントを入れ火にかける。

② お湯が沸いたらカルダモン、クローブ、シナモンを入れ弱火にし、1分程度煮て、スパイスの香りを出す。

③ 次に紅茶を入れ、蓋をして1分おく。

④ ③に牛乳と砂糖を入れ、再び火にかけ、牛乳が沸騰する直前に火を止め、茶漉しで漉す。

● 春のチャイ

材料（1杯分）

- 緑茶（あれば新茶）…7g　・エルダーフラワー（ドライ）…7g
- 水…150㎖　・牛乳…200㎖　・砂糖…大さじ1

つくり方

① 小鍋に緑茶とエルダーフラワーを入れ、水を加えて火にかける。沸騰したら弱火で2分ほど煮る。

② 牛乳と砂糖を加えて温める。

● 夏のアイスチャイ

材料（1杯分）

- カルダモン…3g（つぶす）
- レモングラス（フレッシュまたはドライ）…5g
- アッサムティー…5g　・ミント（フレッシュ）…4枚
- スイートシスリーの葉…3枚
- スイートシスリーの葉（飾り用）…3枚
- 水…120㎖　・砂糖…大さじ1　・牛乳…150㎖

つくり方

① 砂糖と牛乳以外の材料を小鍋に入れ、蓋をして弱火で3分ほど温める。

② 火を止め、砂糖を入れて5分おく。茶葉を漉し、冷やしてから牛乳で割って飲む。

つややかなバラのムース

モロッコに旅したとき、あふれんばかりのダマスクローズをいっぱいに敷きつめた部屋に招かれことがあります。瑞々しさと少しの渋みを含んだ、なんともいえない勢いのある香りに包まれて、その場にいた人はみんな、胸いっぱいに深呼吸をしてつややかな顔になったのを覚えています。人の想いがつくった香水や花束とは違う、そのままのバラの香りをかぐ経験は、実はまれなことなのだなと思いました。

　香料を加えない、植物を水蒸気蒸留しただけのローズウォーターは、本物のバラの香りです。その香りをふんだんに使ったこのムースを口に含むと、身の内に花が咲くような心地がして、あのときのことを思い出します。口の中から鼻腔や喉の奥に香りが届くと、つい目を閉じてしまいます。

　香りが存分に伝わるようにと、とても柔らかな口当たりになるよう工夫したレシピです。感覚を確かめるように、ひとさじずつ静かに召し上がって下さい。どこからともなく、ふっと風にのった香りが身体をとおり抜けていくようなひとときをどうぞ。

材料（4人分）

・ゼラチン…7g　・砂糖…80g　・ローズウォーター（開けたて）…100mℓ　・牛乳…250mℓ

(A)・レッドローズ（ドライ）…8g　・ハイビスカス（ドライ）…1g　・熱湯…200mℓ

(B)・生クリーム…200mℓ　・砂糖…10g

・仕上げ用ローズウォーター…適量

・飾り用のバラの花びら…4枚

つくり方

①ポットにAを入れ、ハーブティーをつくる。10分間蒸らして少し濃く出したら、150mℓ分を小鍋に入れる。

②①の小鍋に粉ゼラチンと砂糖を加え、弱火で（煮立てずに）よく溶かしたら、ボウルに移し、底を氷水に当てて冷やす。粗熱が取れたらローズウォーター、牛乳を加え、ときどき混ぜながら、さらに冷やす。

③Bを別のボウルに入れ、氷水に当てながら八分立てにする。②が少し固まり、生クリームと同じくらいのとろみがついたら、生クリームの1/4を加え、全体をなじませてから、残りの生クリームを加える。

④器にふんわりと入れて、6時間〜ひと晩冷やしたらできあがり。食べる直前にバラの花びらをのせ、小さなスプレーボトルに入れたローズウォーターを吹きかけていただく。

りんごのデュエット

太陽の光が部屋の中に差しこむと、ほんわりと暖かな空気が身体を包みます。窓の外は冷たい風が吹く。この暖かい陽だまりが私の中にも生まれたらと、飲みものをつくりました。

　西の庭のシンボル、ひめりんごの木の小さな実。今年は豊作とはいえないけれど、ちゃんと可愛く育ったりんごです。そういえば、カモミールもりんごの香り。ふたつの「りんご」が競演すれば、お日様のスポットライトを浴びて、なんとも愛らしい出来栄えです。女王・ローズの気品を秘めて、サフラン色も輝いて、ひとくちずつゆっくりと飲めば、木枯らしだって平気です。

材料（つくりやすい分量）

- レッドローズ（ドライ）…大さじ1
- サフラン…4本
- ブランデー…180㎖

- ひめりんご…1個
- ハチミツ…小さじ1
- ジャーマン・カモミール（ドライ）…大さじ1
- 熱湯…200㎖

つくり方

① ローズとサフランを1週間ほどブランデーに漬けこんで漉す。

② ひめりんごの芯をくり抜いて中にハチミツを入れ、アルミホイルで包んで200℃のオーブンで15分焼く。

③ 沸かしたてのお湯でカモミールティーをつくる。

④ グラスに②の焼きりんごを入れ、①のブランデーを大さじ1加えたらカモミールティーを注いでできあがり。

冬支度のハニー・レモネード

　カラマツの葉がパラパラと雨のように散り始めると、庭では冬支度の合図です。最低気温マイナス15度、凍結深度は1mにもなる季節がやってきます。ローズマリーやマートル、ローズゼラニウム、レモングラスなどは寒さに弱く蓼科の冬を越せないので、土が凍り始める前に掘り上げます。それぞれにスタッフが自宅で預かって、春が来たら庭に植え戻すのです。

　持ち帰る前に、大きくなった枝をチョンチョンと切って乾かします。ポプリに料理にと大活躍なので、小枝も残さず丁寧に収穫しました。いただいたかぼすと一緒に、束ねられないぐらい小さなものをハチミツ漬けにすれば、一つひとつの植物から香りが溶け出して、キュッと甘酸っぱく青い風味のレモネードの素になります。

　ガラス瓶越しに緑の葉を眺めると、今年の庭で過ごした時間を縫いこんだ、小さな小さなキルトのようでした。

材料（150mlの瓶1本分）
- ローレル（フレッシュ）… 1枚
- マートル（フレッシュ）… 3〜4cmの小枝を3本
- レモンタイム（フレッシュ）… 4本
- かぼす…半分
- ハチミツ…180g

下準備
- ハーブはサッと洗い、よく水けを拭き取る。
- かぼすは3mmの薄切りにする。
- 瓶は煮沸消毒、または食品用アルコールで拭いて、殺菌しておく。

つくり方

① 清潔な保存瓶にハーブとかぼすを入れる。外から見て、緑がきれいに見えるように意識する。

② ①の中身がすっかり浸かるようにハチミツを入れてできあがり。

※翌日から使えます。ハチミツをお湯で割ったり、ハーブティーに入れて飲んで下さい。

保存期間：冷蔵庫で約1週間から10日

ツヤツヤ木の実ハニー

　ハチミツを使ったレシピをもうひとつご紹介しましょう。香ばしくローストしたナッツをハチミツ漬けにしました。粉雪の舞うころ、松の木とモミの木だけが緑を茂らせる季節につくります。

　肌荒れしやすいこの時期、松の実やクルミのようなナッツ類をとると肌の乾燥を防げるといわれます。毎日、少しずつでも食べたいところですが、そのままでは酸化しやすいので、こうしてハチミツとからめておくと安心で便利です。

　チーズと合わせたり、トーストにちょこんとのせても美味しいので、朝食にも重宝します。ヒマワリやカボチャの種を混ぜてもいいですね。冬の小鳥たちのようについばんで、ツヤツヤ、ピカピカ、バラ色の頬でこの冬を過ごせますように。

材料（200mlの瓶1本分）

・松の実、クルミなどのナッツ…
　合わせてカップ半分
・ハチミツ…150g

つくり方

①フライパンにナッツを入れて、中弱火でときどき混ぜながら焦げないように香ばしく炒る。すぐに冷たいお皿に取り、粗熱を取る。

②乾いた清潔な瓶に①を入れて、ゆっくりとハチミツを注いだらできあがり。1週間ほどで食べられ、長く漬けると、より美味しくなる。

保存期間：常温で約3カ月

ふかふか毛布のココア

この季節、お客様との会話は「寒いですねえ」から始まります。もしも私が宿の主人で、木枯らしの中をやってきた旅人がいたなら、すぐに暖炉の前に招いて、きっとこの飲みものをお出しするでしょう。
　気つけになるだけではなく身体も芯から温まる、特別なココアをつくります。この世の中で、バニラほど人を幸せにするものはありません。かつての山岳救助犬、セントバーナード君も、バニラの香りのブランデーをココアに入れたら「それもいいね」と言ってくれたかもしれません。味も香りも甘くて、鼻も舌も喜ぶこのあつあつのココアは、柔らかく温かなブランケット1枚分、いえ2枚分の価値があります。

材料（1杯分）

・ココアパウダー…小さじ山盛り2
・砂糖…小さじ3
・牛乳…140㎖
・バニラブランデー…小さじ1/2

つくり方

①小鍋に牛乳を入れて火にかけ、温める。
②ボウルにココアパウダーを同量のぬるま湯（分量外）でよく練り、①に加えたら、砂糖と仕込んでおいたブランデーを加えてできあがり。

●バニラブランデー

材料（つくりやすい分量）

・ブランデー…100㎖
・クローブ…1粒
・ブラックペッパー…2粒
・バニラビーンズ…2本

つくり方

清潔な保存容器にクローブ、ブラックペッパー、バニラビーンズを入れ、ブランデーで満たす。2週間ほど漬けこんだら、漉して保存する。

※飲み終わった後もブランデーを継ぎ足せば何度か楽しめます。

保存期間：冷暗所で約半年

バニラ香るポテトチョコレートケーキ

ジャガイモとバニラビーンズ。一見関係のない2つの食材ですが、どちらも南米原産で、ヨーロッパに伝わった当時は「世界を変える」と言われていたそうです。

新大陸からの未知の食べもの、ジャガイモは育てやすくて保存性もあり、寒い地方を幾度も飢饉から救ってきました。一方バニラビーンズは、ほんの少し香らせるだけで心を捉えて離さない、媚薬のように思われたようです。今ではどちらも世界中で重宝されています。ジャガイモは食事にお菓子によく利用されますし、本物のバニラビーンズは心を緩めて幸せにしてくれる、柔らかいブランケットのような香りです。

今日のチョコレートケーキは、しっとりしていて甘すぎないので、朝ごはんにもおすすめのレシピです。ジャガイモを茹でるときにはローレルかローズマリーを入れると土の匂いが和らいで味もよくなります（私はコロッケやマッシュポテトをつくるときにも必ず同じようにしています）。バニラビーンズも入れるので、さらに特別です。使ったあとのバニラビーンズは、きれいに洗って干して、グラニュー糖の中に入れておくと、香りが移ってバニラシュガーになります。

材料（22×8×高さ6cmのパウンド型 1本分）

・バター…100g　・砂糖…80g　・卵…2個　・生クリーム…大さじ2前後

［粉類］・薄力粉…110g　・ココア…50g　・ベーキングパウダー…小さじ1と1/2

・ジャガイモ…1個

［茹でる用のハーブ］・生のローズマリー…1枝　・バニラビーンズ…4〜5cm

下準備

・型にオーブンシートを敷いておく。　・バターは室温に戻しておく。
・粉類はボウルにふるって合わせておく。　・オーブンを160℃に予熱しておく。

つくり方

①鍋にジャガイモとローズマリー、バニラビーンズを入れて水から茹で、柔らかくなったらふたつを取り出してジャガイモをつぶしておく。

②ボウルにバターと砂糖を入れてよく混ぜ、卵を加えてさらに混ぜる。ジャガイモ、粉類を順に加えてゴムべらで混ぜる。ポテトサラダ程度のしっとり加減になるよう、ジャガイモの水分によって量を調節しながら生クリームを加える。

③型に流し入れて、160℃のオーブンで40分ほど焼く。様子を見て、焼き加減が弱ければ5分ずつ追加する。

夕暮れの庭のブランデー

小さなころからりんごの木が大好きで、東京で開いた最初の店は「アップルトゥリー」という名前にしたくらいです。でも移り住んだこの場所は、寒すぎて普通のりんごは育ちません。少し前にひめりんごの木を植えました。アリッサムやサンショクスミレに守られて何度か冬をやり過ごし、最近は実をつけるようになりました。それが嬉しくて、赤いバラをお供にお酒に漬けておくことを思い立ちました。

　りんごとバラは仲よく茜色のブランデーになりました。できあがったお酒を薄めずに飲むと、ほんのり甘くて花の香りもします。いつかこの小さなりんごがたわわに実ることを思い描いて、温かくしてねと根もとにふわっと落ち葉をかけました。眠りについたりんごの木はどんな夢を見るのでしょう。もうすぐ白い白い雪が降りつもります。

材料（つくりやすい分量）

・ひめりんご…5〜6個
・レッドローズ（花びら）…10g
・ブランデー…640㎖

つくり方

清潔な保存容器にりんごとローズを入れ、ブランデーで満たす。涼しいところに1カ月ほどおいたら漉して保存し、好きな量をショットグラスでどうぞ。お湯割りなども好みで。ハーブティーや紅茶にひとたらししても美味しい。

保存期間：冷暗所で約半年

優しい声のシロップ

この地域では長い間、「マルメロ」と「かりん」が本来とは逆の名前で呼ばれてきました。どっちのことを言っているのかすぐにはわからなくて、いつも混乱してしまいます。初雪のころになると、毎年このふたつの黄色い果実をおすそわけしてもらいます。お礼にお伝えするのが、冬の間の喉を乾燥から守ってくれる、このシロップのレシピです。

　マルメロは洋なしのような形で産毛があります。一方、かりんはつるりとした楕円形です。違う植物ですが、咳や喉の痛みによいのは同じなので、同じように使えます。粘膜を保護して、保湿もしてくれるマローブルー、抗菌力のあるタイムにセージ、咳によいリコリスを加えたので、喉のイガイガも鎮めてくれます。それは美しい青色の液体ですが、ここでは仕上げに柑橘の果汁を入れるので赤い色に変わります。

　白湯やハーブティーなどに溶いて、ほっと温まりながら召し上がって下さい。喉がつるりと潤います。体調を崩しがちなこの季節の、救世主のような存在です。

材料（1ℓ容量の密封ガラス瓶1本分）

- (A)・水 … 360㎖　・グラニュー糖 … 500g
- ・かりんまたはマルメロ … 300g　・マローブルー（ドライ）… 6g　・リコリス（ドライ）… 10g
- ・セージ、タイム … ドライの場合は各5g、フレッシュの場合は各10g
- ・柑橘類（レモン、ゆずなど）の果汁 … 大さじ2

下準備

・かりんはよく洗い、ピーラーで薄くむくように削いでいく。種が現れたら取り出し、お茶パックに入れておく（種からも成分がでます）。

つくり方

① Aを鍋に入れて加熱し、濃いシロップをつくって冷ます。

② ボウルにかりんとハーブを入れて混ぜ合わせる。

③ 清潔な保存瓶に、お茶パックに詰めたかりんの種を入れ、上からかりんとハーブを詰めたら、すっかり材料が浸るように上からシロップを注ぐ。

④ マローブルーから色が滲み出て、青く美しいシロップになってきたら、ときどき（2日に1回程度）ひっくり返して全体の濃度が均一になるように漬ける。2週間経ったら柑橘果汁を加えて、濾して保存する。

※お茶やお湯で割って飲みます。春までに飲みきりましょう。

保存期間：冷蔵庫で約3カ月

ふーふーホットバタード・ラム

ぐずぐずの赤鼻さんには、湯気のたつこの一杯を。海の向こうの寒い国では、家庭でもバーでも定番の飲みものです。

　甘くって、バターの味。『ハリー・ポッター』シリーズに登場するバタービールは味わったことがないけれど、バタード・ラムは強力です。両手でカップをしっかりと抱えて飲んで、温かな靴下をはいて、もこもこのマフラーを巻いて。今日はのんびりとおうちで過ごすのもいいですね。

材料（1杯分）
・ダークラム…30㎖
・ブラウンシュガー…大さじ1
・バター 2㎝角…1片
・レモンの皮…細くむいて5㎝ほど
・シナモンスティック…1本
・熱湯…140㎖

つくり方
① カップにラム酒と砂糖、レモンの皮を入れ、熱湯を注ぐ。
② すぐにバターを落として、シナモンスティックで混ぜながらいただく。

オランジェットに花ひとひら

蓼科の冬は美しいけれど、寒さもまた格別です。ショップの小屋は古いので、夜の間は放っておくと外気と同じくらいまで冷えこんでしまい、ときには氷点下15℃にもなってしまいます。もちろん、暖房をつけるのでそこまで寒くなることはありませんが、昼間でも何か動いていないと凍えるばかりです。

　そんなときは「ピール部」の招集です。部活さながら、みんなで柑橘類の皮をあれこれ加工して楽しみます。薄く削いだ皮で漬けるリキュール、細かく刻んだマーマレード、果皮を乾かしたポプリなど、いそいそと色々な工夫をしますが、メインはこのオランジェット。皮を柔らかく煮ていると、その湯気の香りで心が明るくなって、集中してチョコレートを刻めば気持ちも鎮まります。

　ほんのひとひら、ハーブをのせてできあがり。できあがるころには身体もぽかぽか、誰かに届けて温かさのおすそわけをしたくなります。

材料（つくりやすい分量）

・文旦の果皮…1個分
・グラニュー糖…つくり方②で、文旦の皮を水煮して、水切りしたあとの重量の1/2
(A)・ホワイトチョコレートとラベンダーの花（ドライ）…適量
(B)・ビターチョコレートとローズの花（ドライ）…適量

つくり方

① 文旦は上下を切り、残った皮を4つ割りにし、さらにその1片を8～9等分して、8mmの細切りにする。白い肉厚のワタは取り除かずに残しておく。

② ①を大きめのボウルに入れ、たっぷりの水に漬けてひと晩おく。

③ ②をザルにあげ、水を切って鍋に移し、皮がすべてかぶる量の水を入れて20分茹でる。ザルにあげてから再び水を替え、さらに20分茹でる。

④ 茹でた皮を水切りし、重量の1/2分量のグラニュー糖を加えて30分おく。皮と砂糖がなじんでから、蓋をした鍋に入れ、弱火にかける。

⑤ 沸騰したら蓋を外し、弱火のままゴムべらなどで底をすくうようにときどき混ぜ、焦がさないように水分を飛ばしながら煮る。

⑥ じゅうぶんに水分が飛んだら、オーブンシートの上に重ならないように並べ、半日～1日、室内で表面を乾燥させる。

⑦ 小さな器にホワイトチョコレートとビターチョコレートをそれぞれ入れて湯せんして溶かし、⑥のピールを潜らせる。ホワイトチョコレートにはラベンダーの花をひと粒、ビターチョコレートにはローズの花びらを1枚、それぞれチョコレートが冷えて固まる前にのせてできあがり。

頼りになるホットグレープジュース

あつあつに温めたぶどう酒を「ヴァンショー」といいます。寒い日の頼りになる飲みものです。スパイスを上手に使えば、ぶどうジュースでも身体を温める美味しい一杯になります。

　今日は3つ、加えてみましょう。ショウガ科のカルダモンは清々しい香り。消化を助けて元気にしてくれます。お腹の調子を整えてくれるのはクローブ。丁字とも呼ばれます。あとはシナモン。血行を促して身体を温め、何より味をよくしてくれます。お腹の調子を整えるクローブとともに、菌やウイルスに対抗する最強の助っ人でもあります。

　雪降る冬も凍る日も、お大事にと差し出す養生の飲みもので、心も身体もぽかぽかとしてきます。アルコールの飲めない方でも、子供たちでも楽しめます。

材料（つくりやすい分量）

・シナモンスティック…1片
・カルダモン…1粒
・クローブ…1粒
・ぶどうジュース…150㎖

つくり方

スパイスの量はお好みですが、まずはよく知っているものをひとつ、あとは使ってみたいものを少量ずつ加えましょう。クローブはピリピリとするので、1粒が限度です。どれもざくざくと刻んだら、ぶどうジュースと合わせて小鍋で温めます。ぐつっといったら火を止めて。甘くて爽やかな味と香りが生まれます。

幸せのスパイスキャンディー

材料もつくり方もごくシンプルなバタースコッチキャンディーです。素朴な甘さだけでもじゅうぶんに美味しいものですが、今日はコリアンダーの種を加えてみましょう。

　「えっ、あのスパイスのコリアンダー？」と思うかもしれません。でも、料理でよく使う、少々くせのある香りの葉とは全然違って、種は「幸福感をもたらす香り」と言われています。花のようで少しフルーティな芳香成分、リナロールを含んでいるので、心を元気づけてくれるとても優しい香りです。

　つくるときと保管の上で、気をつけたいポイントがあります。溶けた砂糖はとても高温なので、直接触れないようにくれぐれも注意しましょう。実は私も、何度もやけどしました。そして、できあがったキャンディーはとても湿気に弱いので、必ずオーブンペーパーに包み、密封容器で保管しましょう。

　ハチミツにバターも入ってちょっとコクがあるので、冬の散歩の心強いお供になります。薄くつくってパリンと割りながら、カリカリと食べるのも美味しいですね。

　ほっほっーと、白い息を吐くような真冬の冷たい空気の中で、丸い種をプチっとかめば、なんだかほわりと楽しい気持ちになります。

材料（つくりやすい分量）

・砂糖…60g　・コリアンダーシード…小さじ2

(A)・バター…20g　・ハチミツ…20g

つくり方

① オーブンペーパーを耐熱の器（ガラスや琺瑯）に合わせてカットし、敷いておく。

② 鍋にAを入れ、弱火にかけてバターを溶かしながら、ハチミツを加えてよく混ぜる。

③ ②に砂糖を加え、さらにコトコトと煮る。砂糖が溶けて全体が茶色く色づいたらコリアンダーシードを入れ、火にかけたまま火傷に気をつけながら泡立て器で空気を含ませるようによく混ぜる。

④ バターがなじんで均一な状態になったら、固まらないうちに①の器に流し入れ、そのままおいて冷ます。

⑤ 粗熱が取れたら包丁で深い切りこみを入れる。冷えて固まってから取り出し、切りこみに沿って切り分けていただく。

※保存する際は湿気に当たらないよう、清潔な保存瓶に入れて下さい。

保存期間：常温で約2週間

風光茶話 4

大切にしたいこと

醸造と蒸留と

萩尾　東京でバーをやっていたころはね、職業も嗜好も、性格もぜんぜん違う人たちがたくさん集まる場所でしょう。「ジャムの壺みたいだな」って。そんな人たちが混じりあう、そのひとときの実りのような時間を、ただみんなで楽しめたらいいなあって思ってたの。人見知りと変な勇気が混じりあった、自分自身がよくわからないころだったからこそ、今思うと、私の人生にとってワインが醸してゆくような時間でしたね。

永易　雑多なものが混じりあって、自然に豊かな時間を重ねてゆく感じでしょうか。

萩尾　そのあとここに移り住んだら、とにかく「大気」が美味しいことに感動して。「ああ、透きとおった飲みものみたい」って感じたんです。この本でもたくさん飲みものをつくったけれど、ほんとうはたぶん、最高の飲みものって空気そのものだと思うんです。それから、ただの水も。それに尽きると思う。

永易　それでじゅうぶんなんですよね。

萩尾　お手本はそこにあるんです。私はそれを大地や空気から読みとるの。ここの暮らし、この場所が私の蒸留所のようで、東京での毎日が「醸造」の日々だったとすると、これは私の「蒸留期」、錬金術のような手つきで、澄んだ何かをつくり出してくれる時間になるのかなって思いました。雑なる一滴から純なる一滴へ、時間を重ねたらちょっとずつ変わってきたようです。

永易　「雑なるもの」も、私は素敵だなと思いますよ。

萩尾　そう、もちろん「雑」が悪いわけじゃなくてね。何しろいちばん雑なるものの代表、土に根を張るハーブたちが、私はとても好きなわけだから。

永易　ブレンドしたハーブティーって、庭そのものの味のようですものね。

萩尾　色々な花から採れたハチミツを百花蜜っていうでしょう。昔は雑蜜って呼ばれて、ちょっと格下のものとされていたのね。でも、ここにきて初めて食べたとき、単花のハチミツよりずっと美味しいなって思いました。「雑」のよさも知りつつ、「純」のよさも同時にわかるほうがいいですよね。

永易　庭のハーブと精油の関係にも似ていますね。エリ子さんのつくる飲みものは、両方のよさが一緒になっているみたいだなと感じます。

萩尾　教室でアロマテラピー、精油のお話をするでしょう。精油はほとんどが水蒸気蒸留で採るんですよね。でも、瓶に詰まった「純なる」精油のことだけを話していても、大事なことは伝わらない。瓶の向こう側にある野山が見えるように、雑なる植物そのものの物語も含めてお伝えするんです。蒸留酒にハーブを合わせるやり方と少し似ているのかもね。

永易　それに比べると、今のお菓子づくりは「蒸留」に近いのかもしれませんね。美味しくするという目的のために、技術や方法がちゃんとできあがっていて。

萩尾　そうね。でも理恵さんの場合は、野山の記憶が寄り添うお菓子になっていると思うけどね。

永易　お菓子って、日常の中の「ハレ」の部分だなって思うんです。食べれば気持ちが高揚するし、特別な時間にもなりますよね。もちろん、日々の食事でいえばパンなんかも嬉しくなるし大好きですけど、お菓子と

いうのはまた別格で。あるだけでその場が華やいで、テーブルを囲めば人がお互いに少し近づける気がしませんか。そこが好きなんです。

萩尾 派手なものでなくても、食事とは違う時間、味わいは代えがたいものね。

永易 育った場所も、今仕事をして暮らす場所も、変わらず自然に近くて穏やかなところですけど、私のつくるお菓子はいわゆる「ナチュラル志向」に偏ってはいないんです。若いころに乳製品と卵をとり過ぎると不調が出る体質に気がついたので、そういったものをとらないストイックな食生活を試してみた時期もありました。でも、少しそこから外れた「いい加減な」食事をしたとき、そのことに罪悪感を感じたり狭量になってしまう自分に気がついて。

萩尾 ほどほどにって、とても大事よね。

永易 そうなんです。体質なので極端に舵は切れませんけど、嬉しいときや落ちこんだとき、それに特別なときに、美しくて美味しいお菓子を気兼ねなくいただける程度には健康な身体と気持ちを保てるようにしたいと思いました。

　あと、驚いたのが学生のときのことで、実習が続いたあと最初の夏休みに、生クリームを食べないとイライラするようになってしまって。生クリームや卵、砂糖ってやめられなくなってしまうんですね。だから、たとえば普段はきび砂糖を利用して、ここぞというときにだけグラニュー糖を使うというような工夫もしています。

萩尾 美味しく食べるっていうのも、実は知的な作業だから。なにより、幸せな気持ちでいただくほうが、きっと栄養にもなりますよ。

主役はあなた

萩尾 こうやって改めてふたりで話してみると、これまでほんとうにいろんなことがあったわね。

永易 小さな場所だからこそ、ずっと大切にしてきたものの中から、時間をかけて何かを掬い取ってきたという思いがあります。

萩尾 ウィスキー樽のようなものかな。お酒はときがつくるなんて言うけれど、美味しくなるためにはゆりかごのように樽の中でじゅうぶんな時間をかけて寝かせなきゃだめで。樽自体の持つ香りがお酒に移って、豊かに香るようになる。

永易 腐葉土のように時間がいっぱい重なってきて。その土の中から芽を出すものがいくつもありますね。なじみのあるものも、目新しいものも。

萩尾　そうね。それに、ときを重ねた分むしろシンプルになった部分もあって、自分を自由で自在にしてくれたところもあるかな。カフェをやっていたころは完成されたものをお出しする立場だったから、お客様にはそれを受け取っていただくだけだった。でも今、人に何かを手渡すときは、ただできあがったものを渡すだけではなくなりましたね。その方の様子をよくみて、渡したものでご自身がどう工夫して使っていただけるかを考えています。レッスンで、知識や使いこなしをお伝えするときもまさにそうですね。

永易　私たちがよく話す、「あんばい」が大切ですね。お菓子の場合は、やっぱり温度管理だとか作業の手順、材料の量などができあがりの美味しさに直接関わるから、あんばいを見極めるのは簡単ではないところもあるけれど、きっとそれぞれの体質や好みに合わせて調節できるところはあると思うんです。もっと簡単なところだと、お茶を濃く出すか薄く出すかだけでも心地よさが違う。あんばいがあるんですよね。思った以上に、ご自身でできることがある。

萩尾　いちおうレシピに分量は書いてあるんだけれど、私の飲みものたちに関して言えば、全然気にしなくたっていいんです。全く同じできあがりを目指してほしいわけではないの。私自身、たぶん全く同じにはつくれないし、つくらない。「これ、素敵だな」と思ったら、それをちょっと参考にするくらいで、あとはあなたの好きなように、自由につくってほしいなって思うんです。「主役はあなた」なの。人生でもなんでも、いつだってあなた自身が歩いて、あなたが決めていいんですよって。だって、私もそうしてきたんですもの。

永易　皆さんの日々の暮らしや今日の気持ち、身の回りの空気の中から、ご自身にとっていちばんのレシピを見つけてくれたら、ほんとうに嬉しいですね。

雪景色のチョコレートペースト

144

冬の朝。空気が動かず、いつもよりも毛布を重たく感じたら、外は真っ白。目を閉じていても、気配でわかります。雪は針葉樹の上にも静かに積もっていました。雪かきのあとのご褒美は、ハチミツ入りのレモンティー、それともチョコチップクッキー？　私なら、断然このホワイトチョコレートのペーストをおすすめします。

　つくるときにエルダーフラワーをワインに散らすと、一つひとつの花が浮かんでは沈んで、スノードームや雪の結晶を思わせる可愛さです。うっとりするようなぶどうの香りがして、コトコトと煮つめればハチミツ色に輝いて美しい。ついそのまま飲んでしまいたくなりますが、ここは少しがまんして、さらに優しくクリーミーにしましょう。エルダーフラワーが持つマスカット様の香りはワインとの相性がよいので、酸味の少ないものを選べば間違いなく美味しくできあがります。今日はナイアガラという品種の甘口ワインを使いました。

　できあがりを瓶に詰めると、まるで輝く雪景色のよう。そのまま召し上がっていただいてもじゅうぶんに美味しいですが、クレープやビスケットにつけてもよいですね。やめられなくなって、なかなか蓋を閉められなくなりますから、ほどほどにどうぞ。

材料（つくりやすい分量）

・ハチミツ…25g

・生クリーム…50㎖

・ホワイトチョコレート（細かく刻む）…100g

・飾り用のエルダーフラワー…少々

(A)・エルダーフラワー（ドライ）…5g　・白ワイン…200㎖

つくり方

①小鍋にAを入れ、中火にかける。沸騰したら弱火にし、10分煮つめてからハーブを茶漉しなどですくって取り出し、ハチミツを入れてさらに5分煮る。

②①を計量し、80㎖（±5㎖）になっていたら、生クリームを入れ、沸騰寸前まで温める。

③ボウルにホワイトチョコを入れ、②を注いでゴムべらでよく混ぜる。チョコレートが溶けたら瓶に入れ、蓋をして2時間冷やす。ペーストがもったりと固まったら、上からエルダーフラワーを少々散らしてできあがり。

保存期間：冷蔵庫で約3週間

野イバラの実とハチミツのゼリー

木々の隙間から差す日の光にも少し春が混じるようになって、スノードロップが咲き始めました。可愛いこの花を見つけると、嬉しくていつも誰かに教えてあげたくります。真冬の肌が切れそうな寒さはやわらぎましたが、気候も不安定な季節の変わり目です。

　声が出しづらかったり、身体のこわばるような、なんとなく優れない日もあります。そんなとき、バランスを取り戻すための心強い味方、ローズヒップとハイビスカスに助けてもらいましょう。水分が不足して乾燥で傷んだ身体を優しくケアしてくれるゼリーです。

　材料のもとになるのは水出しのハーブティー。春先に苦味のあるものをいただくと、冬に溜まった老廃物を流してくれると言いますから、グレープフルーツと一緒にすれば、さらに頼れるひと品になります。

　時間をかけてふっくらと柔らかくなったローズヒップは、ぜひ捨てずにハチミツやメープルシロップを混ぜて、ヨーグルトなどと一緒に召し上がって下さい。肌の色つやをよくする栄養がいっぱいです。

材料（200mlのグラス4個分）

(A)・ローズヒップ…20g　・ハイビスカス…5g　・水…600ml

・ハチミツ…50g

・ゼラチン…10g

・ピンクグレープフルーツ…1玉

下準備

・ゼラチンは水適量（分量外）でふやかしておく。

つくり方

①ティーポットにAを入れて冷蔵庫でひと晩おき、水出しにする。

②翌日、①を茶漉しで漉して、小鍋に入れる。中火にかけて、ふやかしておいたゼラチンとハチミツを入れてよく溶かす。

③皮をむいてひと口サイズにしたグレープフルーツをグラスに1/4ずつ入れ、②の液体を注ぎ入れ、冷蔵庫で冷やし固める。

まばゆい光のブランデーソーダ

結婚したころ、得意料理のひとつにブイヤベースがありました。たった数本のサフランで特別のひと皿になることを知って、夢中になりました。パエリアにサフランライス、サフランケーキとレパートリーも広がります。その豊かな色と香り、味わいは、今では大切な人へのご馳走をつくるのに欠かせない材料です。

　サフランの使い手を自負する私ですが、後にドイツの小さな蒸留所でつくられたサフランを使ったブランデーには驚きました。飲みものにこの味は初めてでした。おまけにオレンジの香りもして、お日さまのかけらが散りばめられているようです。そうだ、このお酒を使ってカクテルをつくろうと思いました。

　見た目の美しさからだけでも元気が出るけれど、ひとくち飲めば太陽の光が身体を抜けて、少々のことは「まあいいか」と前向きな気持ちになります。そういえば、サルデニア島の旅で手にしたサフランも夏の強い光が集まっているようで、色も香りも上等でした。グラスを傾ければ、あの島の屈託のない笑顔を見せた人たちの顔が浮かびます。

材料（つくりやすい分量）

(A) サフランとオレンジのブランデー
　　・サフラン…0.4g　・オレンジの皮…1/2〜1個分　・ブランデー…200㎖

・(A)のブランデー…30㎖
・しらぬい（厚めの輪切り）…1枚
・しらぬい（くし形切り）…1/6個分
・マートルの枝…1本
・炭酸水…200㎖

つくり方

①サフランとオレンジの香りのブランデーをつくる。ブランデーにサフランとオレンジの皮を2週間漬けこみ、漉して保存する（長くても3カ月くらいで飲みきる）。

②カクテルをつくる。グラスに氷としらぬいの輪切りを入れ、Aのブランデーを注ぐ。

③炭酸水を注ぎ、しらぬいのくし形切りをグラスのふちに飾る。

④マートルの枝を差してできあがり。

楽園のメレンゲ

　卵に砂糖、少しの粉とバターさえあれば、さまざまなお菓子を自在につくれる菓子職人たち。その技は「まるで魔法のよう」と言われがちですが、実はとても論理的です。たとえば、卵。白身か黄身か全卵か、その割合はもちろん、どんな泡立て方をするのか、果てはそのときの温度に砂糖の粒子のサイズさえも考えていて、それぞれに仕上がりは全く違います。

　優れた職人たちは各々の素材を熟知した上で、混ぜ合わせるときには最適なスピードとタイミングと状態を見計い、湿度や気温差にも気を配りながら、注意深く腕をふるっているのです。魔法の呪文を唱える間もなく、素早くさっと片付けまで終えてしまいます。さっきまでの「ただの卵」は、あれよという間に美味しいお菓子に変身です。

ハーブや精油たちをどんなふうに使ったら、安心して召し上がれる、心地よい舌触りの美味しいお菓子に仕上がるだろう。ハーブショップで働く日々の中で、こうした職人の技を土台にしながら、自分なりの工夫を重ねてきました。このメレンゲも、そのひとつです。精油はタンパク質によく溶けこみます。そのうえ、メレンゲは低温で焼くので精油の香りも失われません。ほどよく香って、とても効果的に活かせました。

　上質な精油がお手元にあったら、どうぞほんの少しだけ、メレンゲに加えてみて下さい。今日、私が選んだのは華やかなネロリと爽やかなレモンの香りです。どちらかひとつの風味でも美味しいものですが、両方を交互にかじれば、花と果実が混じりあって軽やかに香ります。羽根が生えてふわりとどこかへ飛んで行けそうな、魔法のひとくちです。

材料（つくりやすい分量）

・卵白…2個分
・粉砂糖…40g
・お好みの香りの、上質な精油…2滴

下準備

・オーブンは100℃に予熱しておく。
・絞り袋に好みの口金をセットしておく。
・天板にオーブンペーパーを敷いておく。

つくり方

① メレンゲをつくる。ボウルを布で拭き、油分や水分がないよう、きれいにしてから卵白を入れ、ホイッパーでしっかりと泡立てる。じゅうぶんに泡立ったら粉砂糖を2〜3回に分けて入れ、都度泡立て、さらにつややかなメレンゲにする。

② 精油を2滴入れてよく混ぜ、絞り袋に入れて、オーブンペーパーを敷いた天板に絞っていく。

③ ②を100℃のオーブンに入れ、60〜70分焼いたら、そのままオーブンの中で冷めるまで置いて冷やしながらメレンゲを乾かす。冷えたらオーブンペーパーからはがし、清潔な容器に入れて乾燥剤と一緒に保存する。

ふたつの黄金ケーキ

　冬の寒さと雪かきに飽きて、そろそろ解放されたくなるころ、南に住む友人から嬉しい贈り物が届きました。箱を開けると眩しい光の塊のようなミモザのつぼみがいっぱいです。その黄金のような輝きが、冬の終わりが近いことを知らせてくれました。

　ここでは寒すぎてミモザは育てられないけれど、今日は憧れをこめてふたつの黄金、サフランとカレンデュラ（ポットマリーゴールド）を入れた、春をお祝いするケーキをつくりました。滑らかなカスタードクリームをたっぷり挟んで、豊かなオレンジが香るこんもりとした丘のようなおやつです。

　サフランはひとつの花からたった3本しか採れない、まつ毛のように細く小さな赤いめしべを乾燥させたものです。とても希少で高価なので、特別なときにだけ使うスパイスで、水に溶かすときらめくような黄の色素と香りを放ちます。風味はくっきり鮮やかで、心を晴れやかにしてくれます。

　もうひとつの黄金、飾りに使うカレンデュラは、お日様のようなパワーで周りを照らしてくれる明るい花。カレンダーの語源のとおり毎日咲きます。摘んでは乾かして保存していると、いつの間にか瓶は花びらでいっぱいに。繰り返す日々の喜びを感じます。

　近くの市場で見つけたエディブルフラワーや、手に入る限りの花を散らしたら黄金ケーキはできあがり。テーブルに運べば、春はもうすぐそこです。

材料（直径18cmの丸型1台分）

- ●スポンジ生地　[a]・卵…2個　・卵黄…3個分
- ・砂糖…80g　・薄力粉…80g　・溶かしバター…25g
- [b]・サフラン…ひとつまみ（小さじ1/3ほど）　・熱湯…30㎖
- ●カスタードクリーム　(A)・牛乳…200㎖　・果汁100%オレンジジュース…50㎖　・卵黄…3個分
  ・砂糖…75g　・スイートオレンジ精油…5滴　・薄力粉…25g
- ●クリーム　・(A)のカスタードクリーム…全量　・生クリーム…200㎖　・スイートオレンジ精油…3滴
- ●生地用シロップ　・果汁100%オレンジジュース…40㎖　・砂糖…20g
- ●飾り・カレンデュラ（ドライ）…大さじ1/2　・エディブルフラワー…好みの量

下準備

- ・卵と卵黄はボウルに合わせてよくかき混ぜておく。
- ・小鍋でオレンジジュースを温め、砂糖を入れてよく溶かし生地用シロップをつくっておく。
- ・サフランは熱湯に浸し、色を出しておく。　・小鍋にバターを入れて溶かしておく。

つくり方

① スポンジケーキを焼く。ボウルに合わせておいた[a]に砂糖を加え、湯せんにかけてホイッパーで混ぜながら人肌（約40℃）まで温める。温まったら湯せんから外し、ハンドミキサーでゆっくり8の字が書ける程度まで泡立てる。
② ①にふるった薄力粉を加え、ゴムべらで粉気がなくなるまでボウルの底から切るようによく混ぜる。
③ ②に、溶かしておいたバターをゴムべらに当てながら回し入れ、むらなく混ぜる。続いて[b]も加え、生地全体に混ぜる。
④ オーブンシートを敷いた型に③を流し入れ、180℃のオーブンで30分焼く。
⑤ カスタードクリームをつくる。ボウルに卵黄をほぐし、砂糖を加えて白っぽくなるまでホイッパーでよく混ぜ、薄力粉をふるい入れてムラなく混ぜる。
⑥ 鍋に牛乳とオレンジジュースを入れて火にかけ、沸騰直前まで温めたら、⑤に1/3ずつ加えてよくなじませる。スイートオレンジ精油も加える。
⑦ ⑥を漉しながら鍋に移し、中火にかけて絶えず底から混ぜながら火をとおす。
⑧ ⑦を清潔なバットに移し、ラップをかけて冷蔵庫に入れてよく冷やす。
⑨ クリームをつくる。ボウルに生クリーム、スイートオレンジ精油を加え、ボウルを氷水に当てながら、しっかりと角が立つまで泡立てる。
⑩ ⑧を別のボウルに入れ、ゴムべらでコシを切るように滑らかに混ぜる。
⑪ ⑩に⑨を1/4加えて混ぜてなじませ、残りも加えて混ぜる。
⑫ ④のスポンジ生地を3等分する。土台は1.5cm、もう一枚は1cmの厚さにスライスし、残りは焼き目（茶色いところ）を切り取って黄色いところだけをフードプロセッサーで細かくする。
⑬ 1.5cmのスポンジに、はけで生地用シロップを塗り、⑪のクリームを半分より少し多くのせて、ドーム状にする。
⑭ ⑬の上に1cmのスポンジをのせて、スポンジの縁を押さえてドーム状に整え、表面に残りのシロップを塗る。ドーム状の形を意識しながら残りのクリームを表面に塗り、細かくしたスポンジ生地を周りにまぶしつけ、カレンデュラとエディブルフラワーを散りばめてできあがり。

四精霊のカクテル

粉雪がさらさらと降っています。まだ道は凍っていないので、こんな日は滑らずにさくさくと歩けます。帽子にマフラー、レッグウォーマーと、防寒装備は完璧です。針葉樹たちが美味しい空気をつくってくれて、私は大きく深呼吸をしてみます。

　雪の下にはまだ、寒さに強いハーブたちが息づいています。掻き分けると枯れ草の間に半分凍った緑色のレモンバームを見つけました。摘んでもやっとひとにぎりですが、お茶にすればきっと濃い味と香りが残っているはずです。この季節、寒い国の人々はウオツカやウィスキー、ブランデーといった蒸留酒を楽しみます。身のうちに火を入れて、明日も元気に働くのでしょう。

　大地が育んだハーブのお茶と透きとおった酒に、冷たく芳しい森の空気を混ぜ合わせ、カクテルをつくりました。水と空気と火と土。西洋薬草の世界に古くから伝わる四つの精霊（スピリット）が揃います。精霊たちのバランスが健康への道しるべと言われてきましたから、今日の飲みものは私の中ではなかなかの出来栄えです。甘酸っぱい小梅の実をかじりながら味わいました。ハーブティーで割ったので飲みやすく、身体の隅々まできれいになりそうです。

　雪の中で眠っている草たちは何を夢見ているでしょう。小さな風が吹いて、トウヒの葉がふるりと揺れました。春の妖精は遠くでもう準備運動をしているに違いありません。今はこの静かな冬を友として、毎日を楽しく過ごすことにしましょう。

材料（つくりやすい分量）

・庭のレモンバーム…ひとにぎり（ドライのレモンバームなら3g）
・熱湯…150㎖
・甘い小梅のカリカリ漬け…1個
・トウヒの枝…1本
・ウオツカ…20㎖

つくり方

① よく沸かしたお湯でレモンバームのお茶を少し濃いめにつくる。
② グラスに①のお茶とウオツカを入れ、氷や雪の中で2分ほど冷やす(冷やしすぎない)。
③ トウヒの枝で小梅を刺して、オリーブに見立ててグラスに入れる。
④ あれば、レモンバームの葉を1枚(分量外)入れてできあがり。

テーブルをかたづけて

　小さなレッスンルームから笑い声が響いています。香りの植物がつくる、美味しくて楽しくなるお茶とお菓子のひとときが、私がずっと大切にしてきた喜びの時間です。
　お花を摘んだり、好きな香りをかぐような軽やかな気持ちで、この本の飲みものとおやつを楽しんでいただけたらと思います。どうぞ呼吸を深く、かぐわしい毎日が過ごせますように。

　　　　　　　　　　　　　　　　　　　　　　　　　　　　　永易理恵

　つくったものに名前をつけてお品書きのように並べたら、心が弾んで嬉しくなりました。ページをめくるたびに光と風が戻ってきて、テーブルは輝きます。
　この場所にあなたをお招きしたいと思いました。折に触れていらっしゃるあなた。いちどだけ会ったあなた。お便りを下さるあなた。まだ見ぬあなた。このひとときを楽しんでいただけたでしょうか。
　陽も傾きました。そろそろ明日の準備を致しましょう。小さな薬草店の楽しい日々はこれからも続きます。

　　　　　　　　　　　　　　　　　　　　　　　　　　　　　萩尾エリ子

萩尾エリ子（はぎお・えりこ）
ハーバリスト。ナード・アロマテラピー協会認定アロマ・トレーナー。日々をショップという場で過ごし、植物の豊かさを伝えることを喜びとする。著書に『香りの扉、草の椅子』、『あなたの木陰』（ともに扶桑社）ほか。

永易理恵（ながやす・りえ）
蓼科ハーバルノート・シンプルズ店長。ナード・アロマテラピー協会認定アロマ・インストラクター。戸隠村・越水ヶ原の厳しくも美しい自然の中で育つ。エコール・キュリネール国立・辻製菓専門カレッジ卒業後、蓼科ハーバルノートに。

蓼科ハーバルノート・シンプルズ
長野県茅野市豊平10284
www.herbalnote.co.jp

撮影／寺澤太郎
デザイン／黒田益朗（クロダデザイン）
校正／共同制作社
編集／玉木美企子（トビラ舎）
協力／細川菜つみ（蓼科ハーバルノート）

編集／高橋尚子

風の飲みもの、光のおやつ
薬草店の幸せなテーブルから

発行日　2025年2月26日　初版第1刷発行

著者　　萩尾エリ子・永易理恵
発行者　秋尾弘史
発行所　株式会社 扶桑社
　　　　〒105-8070
　　　　東京都港区海岸1-2-20　汐留ビルディング
電話　　03-5843-8583（編集）
　　　　03-5843-8143（メールセンター）
　　　　www.fusosha.co.jp
印刷・製本　TOPPANクロレ株式会社

©Eriko Hagio／Rie Nagayasu 2025
Printed in Japan
ISBN978-4-594-09998-5

定価はカバーに表示してあります。
造本には十分注意しておりますが、落丁・乱丁(本のページの抜け落ちや順序の間違い)の場合は、小社メールセンター宛にお送りください。送料は小社負担でお取り替えいたします(古書店で購入したものについては、お取り替えできません)。
なお、本書のコピー、スキャン、デジタル化等の無断複製は著作権法上の例外を除き禁じられています。本書を代行業者等の第三者に依頼してスキャンやデジタル化することは、たとえ個人や家庭内での利用でも著作権法違反です。
掲載されているデータは2025年2月3日現在のものです。